COLONIALISMO DE DADOS

© Autonomia Literária, para a presente edição.

AUTONOMIA LITERÁRIA

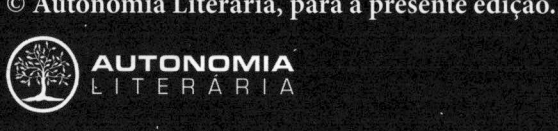

Conselho Editorial:

Carlos Sávio Gomes Teixeira (UFF), Edemilson Paraná (UFC UnB), Esther Dweck (UFRJ), Jean Tible (USP), Leda Paulani (USP Luiz Gonzaga Belluzzo (Unicamp/Facamp), Michel Löwy (CNR França), Pedro Rossi (Unicamp), Victor Marques (UFABC).

Coordenação Editorial:

Cauê Seignemartin Ameni, HugoAlbuquerque, Manuela Belon

Revisão:

Lílian de Oliveira

Projeto gráfico:

Rodrigo Corrêa/@cismastudiocisma

Dados Internacionais de Catalogação na Publicação (CIP)
(eDOC BRASIL, Belo Horizonte/MG)

C719 Colonialismo de dados: como opera a trincheira
algorítmica na guerra neoliberal / Organizadores Sérgio Amadeu da
Silveira, Joyce Souza, João Francisco Cassino. – São Paulo, SP:
Autonomia Literária, 2021.
212 p. : 14 x 21 cm

ISBN 978-65-87233-56-7

1. Ciências sociais. 2. Capitalismo de vigilância. 3. Colonialismo
digital. I. Silveira, Sérgio Amadeu da. II. Souza, Joyce A. de. III. Cassino,
João Francisco.

CDD 303.6

Elaborado por Maurício Amormino Júnior – CRB6/2422

Autonomia Literária

Rua Conselheiro Ramalho, 945
CEP: 01325-001 – São Paulo – SP
autonomialiteraria.com.br

COLONIALISMO DE DADOS

COMO OPERA A TRINCHEIRA ALGORÍTMICA NA GUERRA NEOLIBERAL

ORGANIZADORES:
João Francisco Cassino
Joyce Souza
Sérgio Amadeu da Silveira

Introdução 6
João Francisco Cassino, Joyce Souza
e Sérgio Amadeu da Silveira (orgs.)

PARTE I
COLONIALISMO DE DADOS
E AS TECNOLOGIAS NO SÉCULO XXI

1. O sul global e os desafios
pós-coloniais na era digital 13
João Francisco Cassino

2. A hipótese do colonialismo
de dados e o neoliberalismo 32
Sérgio Amadeu da Silveira

3. A colonização dos dados como
produto das operações das mídias
sociais no sul global 51
Débora Franco Machado

4. Colonialismo digital: dimensões da
colonialidade nas grandes plataformas 67
Rodolfo Avelino

5. Colonialidade difusa no aprendizado
de máquina: camadas de opacidade
algorítmica na Imagenet 84
Tarcízio Silva

PARTE II
DOMINAÇÃO E MODULAÇÃO ALGORÍTMICA
DE SEGMENTOS DA VIDA SOCIAL

6. Inteligência artificial, algoritmos
preditivos e o avanço do colonialismo
de dados na saúde pública brasileira   107
Joyce Souza

7. Universidades federais brasileira
a serviço da lógica colonial
de exploração de dados   126
Mariella Batarra Mian

8. As tendências neoliberais e dataficadas
da incorporação tecnológica nas cidades   148
Iara Schiavi

9. Locação de algoritmos de inteligência
artificial da microsoft no Brasil:
reflexões, dataficação e colonialismo   167
Victoria Ermantraut

10. Possibilidades de resistência:
o caso da moeda digital indígena Oyxabaten   185
Marcelo de Faria

INTRODUÇÃO

Por João Francisco Cassino, Joyce Souza
e Sérgio Amadeu da Silveira
(organizadores)

"Colonialismo de dados", "colonialismo digital", "capitalismo de vigilância", "capitalismo de plataforma", "dataficação", "modulação" – estas são algumas das teorias e conceitos utilizados para analisar e classificar as transformações recentes ocorridas a partir do avanço das tecnologias digitais e da Internet.

A ascensão dessas tecnologias é comumente saudada como fundamental para o progresso econômico, político e social do século XXI. É verdade que os avanços do digital possibilitaram que indivíduos se beneficiassem de suas estruturas para o desenvolvimento de negócios, formas de comunicações instantâneas, interações constantes, entre outros. Pessoas em todo o mundo agora podem anunciar serviços ou comercializar suas mercadorias por plataformas digitais. Cursos podem ser ministrados a distância e em tempo real ou não. Consultas médicas podem ser realizadas digitalmente. Moedas digitais são criadas e novas formas de transações financeiras estão em desenvolvimento.

Esses são apenas pequenos exemplos do que têm ocorrido nas plataformas digitais. A promessa para este novo contexto é a da criação de serviços e produtos cada vez mais personalizados, de inovações sem precedentes, principalmente quando tecnologias digitais estão atreladas ao desenvolvimento dos modelos de inteligência artificial, *machine learning* (aprendizado de máquina) e *deep learning* (aprendizado profundo).

Apesar dos avanços que as tecnologias digitais propõem e dos benefícios que trazem, elas não são um corolário de sucesso econômico, político e social, como apresentado e enaltecido por *white papers* produzidos, sobretudo, pelas grandes corporações de tecnologia, em especial, pelas famosas big techs que compõe o acrônimo GAFAM: Google, Apple, Facebook, Amazon e Microsoft.

Em virtude do contexto brevemente mencionado, torna-se fundamental reflexões e análises abrangentes sobre os avanços e as implicações econômicas, políticas e sociais das tecnologias digitais. Compreender esses impactos significa também abarcar as diferenças desses contextos nos países ricos, de renda média e pobres.

Para tal, perpassando pelas obras de autores e autoras como Aníbal Quijano, Nick Couldry, Ulises Mejias, Nick Srnicek, José Van Dijck, Shoshana Zuboff, entre outros, este livro se propõe a trazer reflexões acerca dos conceitos de colonialismo de dados, do avanço de um mercado baseado na datafição e da crescente atuação de *big techs* e seus impactos em territórios periféricos, especificamente no Brasil.

O conceito de colonialismo de dados e a forma como ele estaria se engendrando nas estruturas sociais, econômicas e políticas apresentam tensões importantes a serem percorridas e foi em busca de uma definição e de uma análise operacional do conceito que surgiu a ideia desta publicação.

Nas análises aqui presentes, o mundo não se apresenta como simétrico. Do mesmo modo, as tecnologias e seus modos de tratamento e armazenamento, bem como os fluxos de dados não beneficiam todas as populações nem enriquecem do mesmo modo todas as comunidades e localidades. As plataformas, muitas vezes articuladas junto a Estados ricos e poderosos, são enormes máquinas de captura e armazenamento de dados pessoais, responsáveis por criarem bilhões de perfis de usuários, que depois são usados para promover influência comportamental para fins de propaganda comercial, ideológica ou política.

As mensagens que chegam aos usuários dessas plataformas são baseadas em gostos, opções, crenças, ideologias e valores referentes a cada um, o que permite uma influência microssegmentada, com alto poder de persuasão. Essa influência, muitas vezes modulada por sistemas algorítmicos, introduz um elemento-gestor não humano neste suposto novo tipo de dominação.

Todos os capítulos deste livro foram produzidos por pesquisadoras e pesquisadores do Doutorado e do Mestrado do Programa de Pós-Graduação em Ciências Humanas e Sociais da Universidade Federal do ABC (UFABC), integrantes do Laboratório de Tecnologias Livres (LabLivre/UFABC), localizado em São Bernardo do Campo-SP, e sob a coordenação do professor Sérgio Amadeu da Silveira.

O livro está dividido em duas partes: a primeira, "Colonialismo de dados e as tecnologias no Século XXI", dedica-se a abordagens mais abrangentes, de modo que os autores buscam observar os fenômenos de uma maneira mais holística. O capítulo um traz um breve retrospecto do que se conhece como colonialismo, apresenta os principais desafios pós-coloniais e introduz a temática do colonialismo de dados. O capítulo dois trata da hipótese do colonialismo de dados em um ordenamento neoliberal de uma sociedade datificada. O capítulo três aborda as plataformas de mídias sociais, tais como Facebook, Twitter, Instagram e YouTube, e seus modelos de negócio baseados na venda de anúncios e impulsionamento de conteúdo. O capítulo quatro apresenta o conceito de colonialismo digital, que é diferente da ideia de colonialismo de dados, bem como as dimensões da colonialidade nas grandes empresas de tecnologia. Em seguida, o capítulo cinco avança para a compreensão da técnica de aprendizado de máquina, um tipo específico de inteligência artificial e mostra também como essa técnica contribui para uma colonialidade difusa.

A segunda parte do livro, "Dominação e modulação algorítmica de segmentos da vida social", trata das aplicações das tecnologias estudadas em áreas específicas da vida social. O capítulo seis aborda a inteligência artificial, os algoritmos preditivos e o avanço do colonialismo de dados na saúde pública brasileira. O capítulo sete, por sua vez, entra no tema da educação e como as universidades federais brasileiras estão sendo afetadas pela lógica colonial da exploração de dados. O capítulo oito discute a urbanização e a questão da incorporação das tecnologias digitais nas denominadas "cidades inteligentes" (*smart cities*). O capítulo nove mostra como funciona a comercialização de soluções de inteligência artificial pela corporação Microsoft, utilizando o mercado brasileiro como referência. Por fim, o capítulo dez encerra o livro mostrando possibilidades de resistência, como é o caso do desenvolvimento da Oyxabaten, uma criptomoeda criada por membros de duas comunidades indígenas de Rondônia e Mato Grosso do Sul que tem como objetivo propiciar condições para a subsistência econômica.

Nesta obra, estão reunidas certezas, hipóteses e dúvidas que visam estimular reflexões sobre o fenômeno da invenção, do desenvolvimento e da utilização dos objetos técnicos digitais, cada vez mais baseados em dados, em um mundo cujas promessas de igualdade parecem sufocadas por uma grande concentração de atenções, de poder econômico e político, que alimentam o ordenamento neoliberal e suas gigantescas plataformas.

Desejamos uma boa leitura!

PARTE I

COLONIALISMO DE DADOS E AS TECNOLOGIAS NO SÉCULO XXI

1. O SUL GLOBAL E OS DESAFIOS PÓS-COLONIAIS NA ERA DIGITAL

João Francisco Cassino

Doutorando e mestre em Ciências Humanas e Sociais pela Universidade Federal do ABC (UFABC), MBA em Gestão Empresarial pela Fundação Getulio Vargas (FGV-RJ), especialização em Relações Internacionais pela Universidade de Brasília (UnB) e bacharel em Comunicação Social habilitação Jornalismo pela Faculdade Cásper Líbero

Este capítulo apresenta um breve relato dos processos históricos do colonialismo tradicional para que possamos compreender o que ocorre hoje com o avanço das Tecnologias de Informação e de Comunicação (TIC), resultando em um possível novo formato de colonialismo, agora baseado em dados. Não temos, aqui, a pretensão de esgotar tudo o que foi dito e escrito nos estudos pós-coloniais, pois isso exigiria uma obra inteira dedicada para tal. Apenas apontamos conceitos teóricos e autores que são relevantes para o entendimento do que virá a seguir.

Iniciemos pelos conceitos Norte e Sul. Essa nomenclatura começa a aparecer, no início dos anos 1980, em um contexto de avanço da globalização neoliberal e em substituição ao conflito Leste-Oeste, que marcou o período da Guerra Fria, quando o bloco Comunista (Oriental) se opôs ao bloco Capitalista (Ocidental). Após a queda do Muro de Berlim e do fim da União das Repúblicas Socialistas Soviéticas (URSS) não havia mais como manter em uso o jargão internacional da divisão de Três Mundos, no qual haviam Primeiro Mundo (países capitalistas desenvolvidos), Segundo Mundo (países socialistas e/ou de economia planificada) e Terceiro Mundo (países subdesenvolvidos). Essa divisão surge depois de o demógrafo francês Alfred Sauvy,[1] em 1952, classificar como *terceiro mundo* as nações mais empobrecidas da Terra.

Como explica Luciana Ballestrin, professora da Universidade Federal de Pelotas-RS, em seu texto "O Sul Global como projeto político",[2] publicado em 2020, a palavra Sul pode ser entendida de formas diferentes dependendo da maneira como é usada. Há ao menos três interpretações possíveis: a primeira é meramente geográfica e territorial, sendo o Sul os países que estão abaixo da linha do Equador. A segunda trata do Sul como o conjunto de nações pobres ou *em desenvolvimento*, herdeiras diretas da expressão *terceiro mundo*, subalternas ao Norte rico ou desenvolvido, em que se estabelece uma relação hierárquica entre os países. Estas perspectivas partem de uma noção *etapista* de evolução histórica de que um dia todos chegarão à *modernidade*, que todos serão como a Europa ou como os Estados Unidos da América. A terceira interpretação é oposta e apresenta uma visão política emancipadora, colocando o Sul como um grupo de nações independentes que surgiram após as vitórias nas lutas de libertação colonial.

Após o fim da Segunda Grande Guerra Mundial, os colonizadores europeus ficaram muito enfraquecidos. Nações da

---

[1] Sauvy, Alfred. "Trois mondes, une planète". In *L'Observateur - Politique, économique et littéraire*, 14 ago. 1952, p. 5.
[2] Ballestrin, Luciana. "O Sul Global como projeto político. Horizontes ao Sul". Horizontes ao Sul [online], 15 jul. 2020. Disponível em: https://www.horizontesaosul.com/single-post/2020/06/30/O-SUL--GLOBAL-COMO-PROJETO-POLITICO. Acesso em: 29 jul. 2021.

África e da Ásia começaram a lutar por suas independências e a adotar projetos políticos anticoloniais e anti-imperialistas. Com a liberação das ex-colônias, as lutas mudaram e passaram de *descoloniais* (condição de colônia) para *decoloniais* (condição de colonialidade). Por *colonialidade* entende-se, conforme definição de Ballestrin,[3] os mecanismos de dominação que se mantêm em funcionamento pelos países ricos mesmo após as independências.

O florescer da nova perspectiva do Sul como projeto político tem como marco histórico três eventos: a Conferência de Bandung (1955), o Movimento dos Não Alinhados (1961) e a Conferência Tricontinental em Cuba (1966). A Conferência de Bandung reuniu países como Indonésia, Índia, Birmânia (atualmente Myanmar), Sri Lanka, Paquistão e Egito. No total, foram 23 países asiáticos e seis africanos. Ex-colonizadores tiveram a participação proibida. As novas nações trataram de assuntos como soberania e integridade territorial, igualdade entre raças e nações, não intervenção e não ingerência em assuntos internos (autodeterminação dos povos). Foi um encontro chocante para a antiga aristocracia europeia, acostumada a ter esses territórios sob seu domínio. A conferência também irritou estadunidenses e soviéticos, pois se defendeu equidistância das duas superpotências – Estados Unidos e URSS. Como legado de Bandung surgiu o Movimento dos Não Alinhados, cuja formalização ocorreria em Belgrado, na República Socialista Federativa da Iugoslávia (1961). Cinco anos depois, em janeiro de 1966, ocorreria em Havana, Cuba, a Conferência Tricontinental, a primei-

---

[3] Ballestrin, Luciana. "América Latina e o giro decolonial". Revista Brasileira de Ciência Política [online], n. 11, p. 89-117, 2013. Disponível em: https://www.scielo.br/scielo.php?pid=s0103=33522013000200004-&script-sci_abstract. Acesso em: 29 jul. 2021.

ra a envolver fortemente os países da América Latina. No total, cerca de 500 delegados de 82 nações foram à capital cubana, preocupados com os eventos que ocorriam à época na península indochinesa – a agressão imperialista na Guerra do Vietnã. O grupo dos Não Alinhados atuou fortemente no âmbito da Organização das Nações Unidas (ONU) e na diplomacia em geral, obtendo avanços importantes para os interesses afro-asiáticos, principalmente nas décadas de 1960 e 1970. Contudo, o avanço do neoliberalismo e as limitações específicas de cada um dos países envolvidos, a partir dos anos 1980, fizeram com que o grupo entrasse em declínio.

A América Latina, apesar de formada também por ex-colônias europeias, estava no pós-Segunda Guerra em um momento diferente da Ásia e África. Por aqui, as independências já tinham ocorrido há décadas. Se o início da dominação colonial se deu com a chegada de Cristóvão Colombo (1492), as independências no continente americano começaram com os Estados Unidos (1770) e, duas décadas depois, com a Revolução Haitiana (1789) – a única independência conquistada por escravos que se levantaram contra os trabalhos forçados. Na América Espanhola, as sangrentas guerras de independência foram conduzidas principalmente pela liderança dos *criollos*, membros das elites locais descendentes dos espanhóis. O Paraguai conquistou sua independência em 1811; a Argentina, em 1816; Chile, em 1818; Venezuela e Colômbia, em 1819; México, em 1821; Equador, em 1822.

Na América Portuguesa, a habilidade política de Dom João VI, rei de Portugal, fez com que o Brasil se tornasse independente, mas ainda se mantivesse sob controle de sua dinastia, a Casa de Bragança. Dom Pedro I, seu filho, seria o imperador da nova nação. Ao perceber que os conflitos em países vizinhos poderiam chegar a suas terras, em 1821, o monarca português teria dito a frase: "Pedro, se o Brasil se separar, antes seja para ti, que hás de me respeitar, do que para algum aventureiro". Literalmente um negócio de pai para filho. Dom João VI, acertadamente, sabia que a situação poderia sair do controle facilmente.

Um episódio emblemático e curioso foi a invasão[4] brasileira de Chiquitos, no Alto Peru (antigo nome da Bolívia). Em 1825, quando o marechal Antônio José de Sucre avançava com sua campanha de liberação, o governador da província boliviana de Chiquitos tentou entregar o território que comandava ao controle da província brasileira do Mato Grosso, estabelecendo a *união das províncias limítrofes*. Ou seja, o Império do Brasil anexava parte do território boliviano. O governador mato-grossense chegou mesmo a enviar tropas de ocupação a Chiquitos. Ao tomar conhecimento do fato, Sucre, enfurecido, preparou imediatamente uma reação, mas foi advertido por Simón Bolívar de que talvez o recente imperador do Brasil, Dom Pedro I, não soubesse o que ocorria. Não era fácil percorrer os cerca de 2 mil quilômetros da fronteira boliviana até a capital Rio de Janeiro na velocidade de cavalos. Realmente, ao se informar sobre a tensão na fronteira, D. Pedro I ordenou a imediata retirada das forças brasileiras da região, encerrando o episódio.

A manobra de Dom João VI para a efetivação de uma independência controlada foi um dos principais fatores que permitiu ao Brasil manter sua integridade territorial enquanto a América Espanhola dividiu-se em mais de uma dezena de países. Simón

---

[4] Soares, Maria do Socorro Castro. *O governo provisório de Mato Grosso e a questão da anexação da província de Chiquitos ao Império brasileiro (1821-1825)*. Dissertação (Mestrado em História) – Programa de Pós-Graduação em História, Instituto de Ciências Humanas e Sociais, Universidade Federal de Mato Grosso, Cuiabá, 2003. Disponível em: http://livros01.livrosgratis.com.br/cp000078.pdf. Acesso em: 29 jul. 2021.

Bolívar escreveu em sua famosa *Carta da Jamaica*, em 1815, sobre seu "desejo, mais do que qualquer outro, ver formar-se na América a maior nação do mundo, menos por sua extensão e riquezas do que pela liberdade e glória". A fragmentação da América Espanhola, principalmente da Grã-Colômbia, frustraria seu sonho, mas criaria os ideais bolivarianos de unidade latino-americana que inspirariam e alimentariam movimentos progressistas e de esquerda no século XX e início do XXI.

Ao avesso de Bolívar, o apreço do "libertador" do Brasil pelo império que governava era tão grande que logo que seu pai morreu, em 1826, Dom Pedro I entraria na disputa sucessória, retornando à Europa e tornando-se Pedro IV, rei de Portugal e Algarves. Nosso "herói nacional" trocou a pátria brasileira menos de uma década após sua libertação para tornar-se soberano da antiga metrópole. Obviamente, aos olhos dele, era melhor ocupar um trono europeu do que governar estas terras selvagens e longínquas. No entanto, a Casa de Bragança continuaria a governar o Brasil por mais de cinco décadas. O reinado de seu filho, Dom Pedro II, que tinha 5 anos quando o pai voltou para Portugal, duraria 58 anos, sendo deposto somente em 1889, com a Proclamação da República.

1.1. BOLÍVAR, MARX E ROSA

O pensador Karl Marx foi contratado, em 1857, para escrever um artigo em formato de verbete enciclopédico sobre Simón Bolívar (falecido em 1830) para *The New American Cyclopaedia*, mais precisamente para o terceiro volume, da edição de 1858. O resultado foi um texto bastante ofensivo ao libertador latino-americano. Nas próprias palavras de Marx, "teria sido passar dos limites querer apresentar Napoleão I como o canalha dos mais covardes, brutal e miserável. Bolívar é o verdadeiro Souloque".[5] Marx apresentaria um Bolívar preguiçoso, dissimulado, destemperado e incompetente. Até mesmo sua aparência física seria mencionada de maneira pejorativa. No campo militar, segundo Marx, o Libertador teria colecionado erros e era medroso. Não lhe faz nenhuma menção positiva. Como escrevem os professores Alex de Novais Dancini e José Joaquim Pereira Melo (ambos da Universidade Estadual de Maringá – UEM) no texto "A crítica de Marx a Bolívar e a crítica de um marxista latino-americano a Marx",[6] publicado em 2014, aparecem recorrências na comparação entre Simón Bolívar e Napoleão Bonaparte. Mesmo as características da pessoa do ditador francês são usadas por Karl Marx para descrever o venezuelano. Para o pensador alemão, a Constituição da Bolívia (código Bolivariano) seria "um arremedo do código Napoleônico". Dancini e Pereira Melo acreditam que Marx transferia automaticamente todos os sentimentos negativos que nutria em relação a Bonaparte para Bolívar. Via nele apenas a representação dos interesses dos setores economicamente privilegiados da América Espanhola – os proprietários de terra e os donos das minas. Para o intelectual marxista argentino José Aricó, a análise de Marx sobre Bolívar era extremamente superficial e sua reflexão sobre as sociedades pré-industriais e não capitalistas não tinha sistematização suficiente para fugir de generalizações eurocêntricas e contraditórias.[7] Para os europeus como Marx, as colônias seriam como "territórios vazios", apenas extensões distantes da Europa. Aricó atribui os pre-

---

[5] Nota explicativa: em referência a Faustin-Élie Souloque, imperador do Haiti, sendo usado por Karl Marx como forma de ridicularização.
[6] Dancini, Alex de Novais; Melo, José Joaquim Pereira. "A crítica de Marx a Bolívar e a crítica de um marxista latino-americano a Marx". *Revista NUPEM*, v. 6, n. 11, 2014. Disponível em: http://www.fecilcam.br/revista/index.php/nupem/article/view/408. Acesso em: 29 jul. 2021.
[7] Aricó, José. *Marx e a América Latina*. Rio de Janeiro: Paz e Terra, 1982.

conceitos de Marx para com a América Latina principalmente ao conceito hegeliano dos "povos sem história" – os povos que não tinham capacidade histórica racional de superar suas condições de dominação. Os professores Pedro Borba, da Universidade Estadual de Londrina (UEL), e Guilherme Benzaquen, da Universidade Federal de Pernambuco (UFPE),[8] apesar de corroborarem que Marx tinha uma visão etapista e eurocêntrica, sustentam que ele evoluiria para uma posição mais suave no final de sua vida. De início, quando comentou sobre a colonização na Índia, Marx considerou a ocupação inglesa "destrutiva" e "regeneradora", pois, mesmo reconhecendo a violência e a brutalidade dos colonizadores, o progresso chegaria às sociedades rurais. Porém, nos seus últimos anos, ao perceber a dinâmica concreta das lutas, como a dos movimentos socialistas que cresciam na Rússia, ele passaria a aceitar a possibilidade de estágios distintos de desenvolvimento em outras localidades. Entender a posição de Marx sobre o colonialismo é importante devido a sua forte influência na visão de numerosos setores da esquerda.

Apenas décadas mais tarde, a filósofa e economista Rosa Luxemburgo, uma das figuras mais relevantes do pensamento marxista no século XX, veria que o resto do planeta, para além da Europa, não deveria estar preso a uma uniformidade do mundo social. A expansão imperialista seria fundamental para o aumento da acumulação no capitalismo. E para acumular mais, os capitalistas necessariamente precisariam de novos territórios, de dominar outras culturas e de tomar os bens comuns. A partir daí, a emancipação dos povos colonizados se inclui como assun-

---

[8] Borba, Pedro dos Santos de; Benzaquen, Guilherme Figueredo. "Teoria crítica nas margens: um diálogo entre marxismo e pós-colonialismo. *Revista Brasileira de Ciências Sociais*, v. 35, n. 103, 2020. Disponível em: https://www.scielo.br/pdf/rbcsoc/v35n103/0102-6909-rbcsoc-35-103-e3510312.pdf. Acesso em: 29 jul. 2021.

to caro aos movimentos comunistas e revolucionários a partir da década de 1920.

1.2. O PENSAMENTO BRASILEIRO

Tornado república no fim do século XIX, o Brasil começa a ganhar impulso e a se desenvolver no campo das ciências, das artes e das humanidades, sendo fortemente influenciado por um contexto internacional em ebulição. No panorama global, a Primeira Guerra Mundial havia acabado (1918), a União Soviética se tornaria realidade com o término da guerra civil (1922) e os Estados Unidos estavam às vésperas de uma das maiores crises econômicas de sua história, a quebra da Bolsa de Nova Iorque (1929). Todos esses fatos influenciariam o pensamento brasileiro, que continuaria preso à matriz de pensamento da modernidade europeia. Um episódio marcante que ajuda a compreender como se deu o desenvolvimento intelectual em nossas terras foi a chamada "missão francesa", de professores universitários que vieram da França, em 1934, para auxiliar na estruturação da Universidade de São Paulo (USP) e de sua Faculdade de Filosofia. Por tal origem, a influência do pensamento francês é forte nas nossas ciências humanas até hoje. A visão de desenvolvimento da modernidade como caminho a ser seguido, segundo a qual os povos atrasados teriam por missão buscar o grau de evolução de desenvolvimento europeu, dominou os debates por muito tempo.

Evidentemente, como dito anteriormente, não há como abordar toda a sociologia brasileira do século XX nestas poucas linhas, mas destaquemos dois blocos que marcaram o pensamento nacional naquele período. O primeiro deles é o que podemos chamar de "evolucionista" ou "culturalista". O segundo viria com o surgimento da teoria da dependência e de suas variantes.

Do bloco evolucionista/culturalista, tivemos pensadores como Gilberto Freyre, que publicou *Casa Grande & Senzala* (1933), uma das mais influentes obras da sociologia nacional. Nela cria-se o mito da democracia racial, termo que sugere a ausência de discriminação racista no Brasil, ao contrário do que aconteceu, por exemplo, nos Estados Unidos. A obra ressalta a formação da sociedade brasileira por meio da miscigenação. Brancos (sobretudo portugueses), escravizados negros e povos indígenas mesclaram-se em um amálgama criando a nossa identidade nacional. Na mesma época, Sérgio Buarque de Holanda lançou o livro *Raízes do Brasil* (1936), em que debate a história da cultura brasileira. Sua hipótese principal é de que o legado colonial português ainda seria obstáculo para a implantação de uma democracia política em território brasileiro. O livro também apresenta o brasileiro como *homem cordial*, um perfil psicossociológico, fortemente afetivo, que atrapalha a superação das mazelas sociais. E não esqueçamos de uma terceira obra, o livro *Formação do Brasil contemporâneo* (1942), de Caio Prado Júnior, que aborda os três séculos do Brasil colonial. Mostra a exploração do colonizador português como negativa, buscando explicar as origens das nossas desigualdades, diversidades e contradições sociais. Nos anos que se seguiram, a análise colonial e o pensamento brasileiro receberam contribuições fundamentais e evoluíram com as críticas advindas de nomes como Guerreiro Ramos, Lélia Gonzalez, Oscar Pinto e Florestan Fernandes.

Nas décadas de 1960 a 1980, surgiria e se desenvolveria a teoria da dependência,[9] que, principalmente em sua corrente mar-

---

[9] Fonte: Prof. Clóvis Roberto Zimmermann, em aula proferida no curso Teorias Sociais e os Desafios Pós-Coloniais (2020), promovido pela Universidade Federal da Bahia (UFBA). Disponível em: https://www.youtube.com/watch?v=tXL8ooxpQqg. Acesso em: 29 jul. 2021.

xista, alertaria para a superexploração das classes trabalhadoras na América Latina e para a excessiva remessa para o exterior de excedentes como lucros, juros, patentes e *royalties*. São exemplos de autores da teoria marxista da dependência[10] nomes como André Gunder Frank, Vânia Bambirra, Theotônio dos Santos e Ruy Mauro Marini. Com esse grupo, com o qual o peruano Aníbal Quijano teria proximidade no início de sua carreira, começariam a aparecer as ideias de que a história da modernidade em si dependeu da conquista das Américas – e não o contrário. Somente com a exploração inicialmente promovida por Portugal e Espanha (e depois por outras potências europeias) é que se geraria a força motriz da modernidade e da Revolução Industrial. Os dualismos evolucionistas – como "civilizados *versus* bárbaros" ou "modernos *versus* povos tradicionais" – começam a ser rejeitados e formas de viver não modernas passam a ser incorporadas como importantes para compreender a formação da modernidade global e suas desigualdades e assimetrias de poder.

1.3. OS ESTUDOS PÓS-COLONIAIS

Seja nas Américas, na África ou na Ásia, como vimos, no pós-Segunda Guerra, o pensamento de rompimento com a modernidade eurocêntrica disseminava-se pelas ex-colônias. Alguns intelectuais dedicaram-se a uma ruptura radical com o pensamento dos países centrais. Um dos maiores exemplos foi Frantz Omar Fanon. Ele morreu jovem, em 1961, aos 36 anos, de leucemia, mas teve uma vida tão notável quanto intensa. Nascido em Martinica, nas Antilhas Francesas, era um homem negro que se

---

[10] Seabra, Raphael Lana. "Do dependentismo à teoria marxista da dependência: uma síntese crítica desta transição". *Sociedade e Estado*, v. 34, n. 1, jan.-abr. 2019. Disponível em: http://www.scielo.br/j/se/a/z9cXfjmNFJsXkhmCWvzRNVF. Acesso em: 29 jul. 2021.

juntou ao Exército da França Livre e combateu militarmente os nazistas alemães no norte da África. Em 1951, formou-se em medicina e especializou-se em psiquiatria. Mais tarde, em 1956, lutou novamente como soldado da Frente de Libertação Nacional da Argélia, na guerra de independência colonial contra o domínio francês. Como intelectual e filósofo, Fanon é considerado um dos precursores dos argumentos pós-coloniais, do pensamento terceiro-mundista e do "nacionalismo africano". Em sua obra, destacam-se os livros *Pele negra, máscaras brancas*[11] (1952) e *Os condenados da terra*[12] (1961). No primeiro, analisa os efeitos psicológicos da subjugação colonial para os negros. Defende que a desalienação do negro exige uma tomada de consciência de suas realidades econômicas e sociais; que o complexo de inferioridade do negro ocorre inicialmente por um processo econômico e depois pela interiorização (*epidermização*) da inferioridade; e que a experiência vivida pelo negro colonizado é importante para entender a busca por sua identidade como negro. A civilização branca e a cultura europeia impuseram ao negro um desvio existencial e o que chamavam de "alma negra" nada mais era do que uma construção criada pelos brancos.

Em *Os condenados da terra*, Fanon defende que a descolonização só seria possível como processo histórico, um encontro antagônico de duas forças – colonizador e colonizado. A primeira defrontação – a colonização – foi feita na base das baionetas e dos canhões, com dominação e exploração. Dessa forma, o colonizado empenhado em realizar a descolonização precisaria estar disposto a tudo, inclusive à violência. Logo no primeiro capítulo de seu livro, Fanon escreve que "se os últimos devem ser os pri-

---

[11] Fanon, Frantz. *Pele negra, máscaras brancas*. Tradução de Renato da Silveira. Salvador: EDUFBA, 2008.
[12] Fanon, Frantz. *Os condenados da terra*. Juiz de Fora: UFJF, 2006.

meiros, não o podem ser senão através de uma afronta decisiva e mortífera entre os dois protagonistas". A obra de Fanon é essencial para todos os interessados em estudar o pós-colonialismo.

Na América Latina, no fim dos anos 1990, começou a se formar em Caracas, Venezuela, um grupo chamado Modernidade / Colonialidade, que é considerado no meio acadêmico um dos mais importantes coletivos sobre o pensamento latino-americano. Entre seus membros fundadores estão Aníbal Quijano, Walter Mignolo e Arturo Escobar. O grupo teve forte influência nas ideias que circulariam no subcontinente no início dos anos 2000, notadamente nas primeiras edições do Fórum Social Mundial e que teriam aplicação (em maior ou menor escala) nos governos progressistas e de esquerda que estiveram à frente do comando na maioria das nações da região naquele período.

Aníbal Quijano, sociólogo peruano, desenvolveria uma análise da formação do capitalismo tendo o colonialismo como base. Defenderia que a modernidade não existiria sem a colonialidade. E mais: não há colonialidade sem dividir a humanidade em raças. Logo, o racismo, a escravidão, o genocídio dos povos indígenas foram peças indispensáveis para a edificação do processo civilizatório europeu nos últimos quinhentos anos. Como explicou Fernanda Bragato em entrevista[13] publicada por Wagner Fernandes de Azevedo (Unisinos), em 2018, o liberalismo teria como um de seus princípios a igualdade entre todos os indivíduos. Contudo, na verdade, como mostra Quijano, não há espaço de progresso para todos, nem o mundo suporta o modelo europeu de acumulação vigente. Nos dias atuais, apesar de o colonialismo como sis-

---

[13] Azevedo, Wagner Fernandes de. "A revolução das ciências sociais por Aníbal Quijano". Entrevista com César Baldi, Fernanda Bragato e Nelson Maldonado-Torres. Instituto Humanitas Unisinos, 2018. Disponível em: http://www.ihu.unisinos.br/579682. Acesso em: 29 jul. 2021.

tema político não mais existir, a matriz colonial centrada na raça ainda persiste e é chave para a atual relação centro/periferia.

Com o passar do tempo, a teoria de Aníbal Quijano se concentraria no conceito da *colonialidade do poder*,[14] um padrão de poder e de dominação que coloca a ideia da superioridade europeia como uma concepção natural e imposta ao mundo todo. A exaltação da *modernidade* seria a preservação da *colonialidade*, principalmente da noção da exploração apoiada em raça. Atualmente, para Quijano, as categorias do poder colonial seguem expurgando, expulsando, o máximo possível de pessoas da categoria *humano*. O não-branco / não-europeu segue sendo o degenerado, o inferior, o pobre, o exótico, o descartável. A questão de gênero se inclui nesse paradigma, reforçando a dominação burguesa-patriarcal sobre as mulheres. O controle do trabalho também é para Quijano um ponto relevante que não pode ser esquecido.

1.4. O COLONIALISMO DE DADOS

Com o avanço das Tecnologias de Informação e de Comunicação pelo mundo, que ganharam força principalmente após a popularização da Internet, Nick Couldry e Ulises A. Mejias começaram a chamar de *colonialismo de dados* um novo tipo de dependência surgida neste capitalismo da era digital. No texto "Data Colonialism: Rethinking Big Data's Relation to the Con-

---

[14] Quijano, Anibal. "Colonialidade do poder, Eurocentrismo e América Latina". In: *A colonialidade do saber*: eurocentrismo e ciências sociais. Perspectivas latino-americanas. Buenos Aires: CLACSO – Consejo Latinoamericano de Ciencias Sociales, 2005. Disponível em: http://bibliotecavirtual.clacso.org.ar/clacso/sur-sur/20100624103322/12_Quijano.pdf. Acesso em: 29 jul. 2021.

temporary Subject",[15] eles ressaltam que o uso da palavra *colonialismo*, nesse caso, não é mera metáfora, mas realmente uma nova forma de colonialismo diferente da que vimos nos séculos anteriores. O colonialismo de dados combinaria as mesmas práticas predatórias do colonialismo histórico com a quantificação abstrata de métodos computacionais. Trata-se de um novo tipo de apropriação no qual as pessoas ou as coisas passam a fazer parte de infraestruturas de conexão informacionais. A apropriação da vida humana (por meio da captura em massa de dados) passa a ser central. Nada deve ser excluído nem apagado. Nenhum dado pode ser perdido.

Couldry e Mejías chamam de *data relations* (algo como relações baseadas em dados) os novos tipos de relações humanas que permitem a extração de informações pessoais para exploração lucrativa. Nossa vida social tornou-se um recurso que pode ser extraído e utilizado pelo capital como forma de acumulação de riquezas. Tanto populações do Norte Global quanto do Sul passaram a ser fontes de informações que alicerçam o capitalismo. Não importam a cultura, a religião, a ideologia. Tudo gera dados capturáveis, que são armazenados e utilizados para formatação de perfis. As pessoas passam a considerar a captura de suas informações como algo normal, natural. As relações sociais mudam e tornam-se mecanismos dos modos de extração.

Um dos efeitos mais marcantes sobre os novos sujeitos colonizados é o fato de que eles passam a ficar atados a julgamentos alicerçados em seus próprios dados. Não sabem quais de seus dados são coletados, como são usados nem mesmo quais

---

[15] Couldry, Nick; Mejias, Ulises A. "Data Colonialism: Rethinking Big Data's Relation to the Contemporary Subject". *Sage Journals*, setembro, 2018. Disponível em: https://journals.sagepub.com/doi/10.1177/1527476418796632. Acesso em: 29 jul. 2021.

as fontes coletoras, em um processo completamente opaco e obscuro. As informações pessoais capturadas são a chave para as novas formas de geração de valor. O novo *eu-colonizado* vê as práticas das empresas de dados invadirem seus espaços mais íntimos, tornando o rastreamento uma característica permanente da vida, delimitando inclusive o que cada ser humano pode explorar em relação aos seus semelhantes. Adicionalmente, o processo de alteração comportamental é majoritariamente conduzido por meio de sistemas de inteligência artificial, que utilizam da coleta e do processamento de dados junto a sistemas algorítmicos para modular tomadas de decisão. Trata-se de uma modulação algorítmica baseada na coleta das informações que nós mesmos fornecemos espontaneamente às grandes empresas de tecnologia.

Em 2015, Shoshana Zuboff, professora da Universidade de Harvard, cunhou o termo *capitalismo de vigilância*[16] para descrever o que seria um novo tipo de capitalismo que está sendo praticado e liderado pelas grandes empresas de Tecnologia da Informação e de Telecomunicações. Fortalece o argumento de que a captura, o armazenamento e o processamento de grandes quantidades de dados são uma das principais forças do capitalismo atual. Empresas como Google, Facebook, Amazon e Microsoft teriam não só o poder de extrair, mercantilizar e controlar comportamentos, mas também de produzir novos mercados, por sua capacidade de predição analítica e da modificação de atitudes, práticas e hábitos. A visão de Zuboff pode ser usada complementarmente à de Couldry e Mejías para compreender o período em que vivemos.

---

[16] Zuboff, Shoshana. *A era do capitalismo de vigilância*. Rio de Janeiro: Intrínseca, 2021.

1.5. AS LINHAS ABISSAIS

Se as grandes corporações das tecnologias informacionais influenciam as pessoas em todos os países do mundo, o efeito sobre as populações é igual também em todo o planeta? Alguém que viva na rica capital da Noruega é tão prejudicado quanto quem mora em uma favela do Rio de Janeiro, já que os dados de todos e de todas são igualmente capturados e armazenados para gerar os lucros no capitalismo de vigilância? Tanto ricos quanto pobres não sofrem com fenômenos como a disseminação de *fake news*, que sugestionaram processos eleitorais tão distintos como os dos EUA (campanhas presidenciais de Trump), Reino Unido (Brexit) e Brasil (eleições de 2018)?

Em primeiro lugar, o Norte é produtor e exportador das tecnologias, beneficia-se dos lucros obtidos por suas empresas, recebe as remessas financeiras obtidas mundo afora. Os EUA, por exemplo, têm interesses geopolíticos de dominação, inclusive para limitar e contrapor o crescimento da China como potência ascendente. O Brasil, por sua vez, acentuadamente após 2019 e pelo menos até o fim do mandato de Donald Trump, adotou uma política externa de deliberada subserviência aos estadunidenses e de alinhamento automático a Washington no âmbito dos organismos multilaterais.

Em segundo lugar, como mostrou Boaventura de Sousa Santos,[17] criaram-se na época da colonização *linhas abissais* que dividiram o Velho Mundo (Europa) e o Novo Mundo (Américas). Tais linhas ainda se mantêm presentes na forma de pensar

---

[17] Santos, Boaventura de Sousa. "Para além do pensamento abissal: das linhas globais a uma ecologia de saberes". *Novos Estudos CEBRAP*, v. 79, 2007. Disponível em: http://www.scielo.br/j/nec/a/ytPjkXXYb-TRxnJ7THFDBrgc. Acesso em: 29 jul. 2021.

dos ocidentais, inclusive nas relações sociais, políticas e culturais. O pensamento moderno ocidental se baseia em um sistema de distinções – visíveis e invisíveis, sendo que as invisíveis fundamentam as visíveis. A realidade social estaria dividida entre dois universos: "deste lado da linha" e do "do outro lado da linha". Ou seja, tudo o que está do *outro lado da linha*, fora do centro da modernidade ocidental, seria desconsiderado. O que acontece longe do centro é inexistente, uma vez que sequer é visto ou considerado. Não importa o que acontece na favela carioca, em Caracas ou em Bogotá. Ninguém vê.

Na época do colonialismo histórico, temas centrais no debate político europeu sequer chegavam aos territórios coloniais. Os moradores das Américas não precisavam opinar, eles não existiam. Essa relação segue mais ou menos intocada na era do colonialismo de dados. Os produtores de tecnologia pouco se importam com os consumidores do Sul Global, salvo o recebimento de *feedback* para melhorias de seus próprios produtos ou com alguns nichos lucrativos. O que importa são os dados coletados. Os debates das antigas metrópoles foram substituídos pelo desenvolvimento, pela produção de equipamentos, por novos protocolos, pela pesquisa em ciência, tecnologia e inovação, *know-how* e pela propriedade intelectual.

1.6. UM MUNDO EM TRANSFORMAÇÃO

Por fim, não podemos deixar de perceber as profundas mudanças geopolíticas que ocorrem no mundo neste momento. A República Popular da China caminha para superar os Estados Unidos como nação mais rica do globo. Couldry e Mejias citam um mundo bipolar, sendo EUA e China as duas principais potências antagônicas na era do colonialismo de dados. A produção industrial, que já vinha há algum tempo se deslocando para a Ásia, agora, além do mero "chão de fábrica", tem em países como a própria China, Taiwan, Coreia do Sul, Vietnã e Japão as principais fontes de inovação e de produção de tecnologias. A Rússia lidera a aplicação tecnológica de uso militar, apostando fortemente em inteligência artificial e robótica bélica.

Apesar de ter sido vítima do colonialismo europeu, a Ásia atual assume protagonismo econômico, mas segue quase sem alterar a lógica da modernidade e do crescimento econômico assentado na produtividade e na acumulação de riquezas. Ajuda a manter um sistema global que gera poluição, aquecimento global, destruição ambiental, desigualdade e apropriação privada dos bens comuns e necessários para o bem viver.

1.7. CONSIDERAÇÕES FINAIS

O colonialismo é dotado de ao menos três fases. A primeira foi a colonização das Américas, cujas independências nacionais ocorreram majoritariamente durante o século XIX. A segunda fase foi a da colonização de Ásia e África, cujos processos de liberação se deram no pós-Segunda Guerra Mundial, com o enfraquecimento das potências europeias. Após o término da Guerra Fria, o avanço do neoliberalismo no mundo e o advento das Tecnologias da Informação e da Comunicação surge um terceiro tipo de colonialismo: o colonialismo de dados. A análise desta nova realidade precisa ser feita com base em décadas de estudos pós-coloniais ou decoloniais, que tiveram forte influência no pensamento do Sul. Porém, tais estudos também precisam evoluir.

Devem começar a considerar as mudanças profundas que ocorrem nesta sociedade globalizada, digital e datificada, que aprofunda o abismo entre as nações mais ricas e as mais pobres.

2. A HIPÓTESE DO COLONIALISMO DE DADOS E O NEOLIBERALISMO

Sérgio Amadeu da Silveira

Graduado em Ciências Sociais (1989), mestre (2000) e doutor (2005) em Ciência Política pela Universidade de São Paulo (USP). É professor associado da Universidade Federal do ABC (UFABC) e Fundador e produtor do podcast Tecnopolítica.

Um importante anúncio do Poder Judiciário paulista apareceu no noticiário especializado, em fevereiro de 2019. Indicava que os processos judiciais do estado de São Paulo, o mais populoso e mais rico do Brasil, seriam entregues à chamada nuvem da Microsoft. O objetivo seria hospedar na empresa estadunidense uma plataforma digital que agregaria serviços de inteligência artificial e permitiria o registro, o arquivamento e a tramitação de todos os processos do maior tribunal do país. A matéria de um relevante jornal econômico brasileiro destacava a importância dos aspectos positivos do armazenamento em nuvem. O presidente do Tribunal de Justiça de São Paulo afirmou ao jornal: "será o primeiro [Tribunal] do país a tomar esse caminho – e um dos poucos no mundo".[18]

---

[18] Rosa, Arthur. "Processos do TJSP serão armazenados na nuvem". *Valor Econômico*, 21 fev. 2019. Disponível em: https://www.valor.com.br/legislacao/6128767/processos-do-tj-sp-serao-armazenados-na-nuvem. Acesso em: 29 jul. 2021.

Sites e especialistas destacavam a ação inovadora do Judiciário paulista e o valor do projeto da chamada Plataforma de Justiça Digital, que seria de 1,32 bilhão de reais,[19] com dispensa de licitação.[20] A comunicação social do tribunal divulgou, no dia 20 de fevereiro de 2019, que "ao final de cinco anos, o custo fixo anual do TJ com o sistema judicial terá redução de 40%, além de eliminar a necessidade de alto investimento na renovação de Data Center".[21]

A dimensão do contrato e suas implicações eram gigantescas, o que levou o presidente mundial da Microsoft, Satya Nadella, a vir ao Brasil dias antes da assinatura do contrato para se reunir com o presidente do tribunal paulista. Segundo a assessoria de comunicação do Judiciário, o executivo da corporação fundada por Bill Gates afirmou que "a tecnologia é o meio, não é atividade fim. O fim é o que se faz com a tecnologia. E o sonho do TJSP de transformar essa plataforma de serviços aos cidadãos é revolucionário". Nadella se comprometeu a colocar as melhores cabeças da Microsoft para atuar no projeto do tribunal.

Nenhum veículo, colunista, parlamentar questionou a entrega dos dados dos processos civis, criminais, empresariais, de crianças e adolescentes, de contenciosos judiciais de milhões de pessoas e milhares de empresas para a nuvem de uma das

---

[19] "TJSP fecha contrato de R$ 1,3 bi com Microsoft para plataforma digital". *Computer World*, 21 fev. 2019. Disponível em: https://computerworld.com.br/negocios/tjsp-fecha-contrato-de-r-13-bi-com-microsoft-para-plataforma-digital/. Acesso em: 29 jul. 2021.

[20] "TJSP anuncia desenvolvimento da nova plataforma de Justiça Digital". *TS Inside*, 20 fev. 2020. Disponível em: https://tiinside.com.br/20/02/2019/tjsp-anuncia-desenvolvimento-da-nova-plataforma-de-justica-digital/. Acesso em: 29 jul. 2021.

[21] "TJSP anuncia desenvolvimento da nova plataforma de justiça digital". Site do Tribunal de Justiça de São Paulo, 20 fev. 2019. Disponível em: https://www.tjsp.jus.br/Noticias/Noticia?codigoNoticia=55845. Acesso em: 21 fev. 2021.

maiores plataformas estadunidenses, com interesses econômicos, financeiros, comerciais e geopolíticos no Brasil. Essa era uma não-questão. Também não foi perguntado se esses recursos, caso fossem empregados em empresas e centros de pesquisa brasileiros, não gerariam ganhos importantes não somente para a sociedade, para o desenvolvimento de inteligência local, como também para o próprio tribunal.

Apesar da inexistência de questionamentos na opinião pública, o Conselho Nacional de Justiça[22] proibiu a execução do contrato com o argumento principal de que o acordo com a Microsoft iria na "contramão de privilegiar um sistema único para tramitação processual",[23] uma vez que os tribunais brasileiros estariam buscando um desenvolvimento integrado para a digitalização e tramitação de processos. Curiosamente, o destaque não foi a proteção de dados sensíveis da população, nem mesmo a necessidade de avançar a inteligência nacional na área de inteligência artificial.

Este capítulo começou pelo relato desse caso inconcluso por ser exemplar na caracterização de uma série de não-questões para boa parte dos pesquisadores acadêmicos, formadores de opinião, *influencers*, lideranças políticas e movimentos sociais que envolvem a colonialidade ampliada pelas tecnologias. Aqui pretendo trazer a hipótese de que essas não-questões ou críticas ofuscadas escondem um epistemicídio, tal qual Sueli Carneiro,

---

[22] "Plenário ajusta liminar que regula contrato do TJSP com Microsoft". Site do Conselho Nacional de Justiça, 9 abr. 2019. Disponível em: https://www.cnj.jus.br/plenario-ajusta-liminar-que-regula-contrato-do-tjsp-com-microsoft/. Acesso em: 29 jul. 2021.

[23] Barbiéri, Luiz Felipe. "CNJ proíbe TJ-SP de executar contrato de R$ 1,32 bilhão com a Microsoft". Site da Anajus, 26 jun. 2019. Disponível em: https://anajus.org.br/cnj-proibe-tj-sp-de-executar-contrato-de-r-132-bilhao-com-a-microsoft/. Acesso em: 29 jul. 2021.

inspirada em Boaventura de Sousa Santos, tratou dos mecanismos constituídos para negar a existência do racismo no país e as reflexões e saberes dos negros. O epistemicídio não recai somente à racialidade, também integra o regime de verdade da colonialidade que está justaposto com práticas acríticas e normalizadas pelas infraestruturas de submissão que se baseiam na alienação técnica e são fundamentais para o ordenamento neoliberal em uma sociedade fortemente datafazada.

Quais seriam as questões importantes encobertas e ofuscadas, tornadas não-questões, pela colonialidade em um cenário de capitalismo informacional, organizado em uma economia de dados neoliberal? Primeiro, a dúvida sobre a crença de que as empresas e plataformas digitais são neutras e que não interferem em nosso cotidiano, exceto para nos servir. Segundo, a interrogação sobre a inexistência de consequências negativas locais e nacionais na utilização das estruturas tecnológicas das plataformas, uma vez que elas respeitariam os contratos. Terceiro, a avaliação de que as implicações sobre a coleta massiva de dados nos países centrais da plataformização tecnológica possuem os mesmos efeitos econômicos, políticos e socialmente moduladores que nos países periféricos. Quarto, a indagação sobre se seria possível apostar no avanço de uma inteligência computacional local, na soberania algorítmica e no conhecimento tecnológico como um bem comum livre.

2.1. COLONIALIDADE E NEOLIBERALISMO

Para muitos pensadores críticos, o colonialismo histórico acabou, mas a colonialidade se mantém e pode ser empiricamente mapeada e constatada. O sociólogo peruano Anibal Quijano definiu a colonialidade como um dos principais elementos do padrão mundial de poder capitalista. A colonialidade foi construída sobre classificações raciais e étnicas das populações e está associada à expansão da modernidade e de sua racionalidade, a partir da Europa. Ela se mantém por meios materiais, por mentalidades e por relações de subordinação, sujeição e de inferiorização de modos de vida, de saberes e de conhecimentos.[24]

A colonialidade se apresenta como a imposição de modelos de pensamento, de agenciamentos, de comportamentos que negam ou desvalorizam epistemes, modos de aprender e conhecer das comunidades e das sociedades não ricas, também expulsa do que deve ser considerado normal à ideia de autonomia, de busca por caminhos diferentes, de toda tentativa daqueles que fogem aos interesses da economia e das suas principais corporações. Como aponta Paola Ricaurte,[25] em uma sociedade baseada em dados, a colonialidade de poder é realizada e amplificada também por meio de dados e das suas tecnologias de tratamento.

A partir dessa perspectiva, é possível notar que o avanço do ordenamento neoliberal ampliou e aprofundou a colonialidade. Sem dúvida, existem diversas definições de neoliberalismo que extrapolam sua dimensão tão somente econômica ou sua categorização como mera atualização do velho liberalismo. O neoliberalismo é uma conduta e um modo de pensar que coloca o mercado acima de todas as demais dimensões da vida. Mais do que isso, a doutrina neoliberal se empenha em definir as empresas como elemento crucial da existência e a concorrência como o objetivo maior de qualquer agregado humano.

---

[24] Quijano, Aníbal. "Colonialidad y modernidad / racionalidad". *Perú Indígena*, v. 13, n. 29, p. 11-20, 1992. Ver também: Quijano, Aníbal. "Colonialidade do poder e classificação social". In: Santos, Boaventura Sousa; Meneses, Maria Paula (Org.). *Epistemologias do Sul*. São Paulo: Cortez, 2010. p. 84-130.

[25] Ricaurte, Paola. "Data epistemologies, the coloniality of power, and resistance". *Television & New Media*, v. 20, n. 4, p. 350-365, 2019.

Michel Foucault, ao analisar a constituição do neoliberalismo, com base nas vertentes alemã (ordoliberal) e estadunidense, em *O nascimento da biopolítica*, percebeu sua implicação na disciplina das condutas e em uma visão de mundo, indo além da reformatação dos governos para atuar em função das empresas.

Laval e Dardot, inspirados em Foucault, detectaram que o neoliberalismo é a forma atual de nossa existência e que se impõe como o ordenamento do capitalismo contemporâneo. Alicerçados no marxismo, David Harvey, Gérard Duménil e Dominique Lévy consideraram a neoliberalização como a dinâmica geral do capital que opera em benefício das camadas mais altas de renda, resultante do compromisso entre as classes capitalistas e a camada superior da classe gerencial, sob a hegemonia financeira. Wendy Brown observou que o neoliberalismo coloca a legitimidade do Estado subordinada à capacidade de servir a racionalidade econômica, solapando o vínculo entre capitalismo e democracia, subordinando tudo, principalmente a lógica do Estado, às empresas e à sua rentabilidade. Pesquisadores de inspirações tanto marxista quanto foucaultiana identificam que o neoliberal desloca a empresa para o centro de gravidade da existência e faz do Estado seu maior serviçal. Nesse sentido, as relações contratuais entre capital e trabalho se tornam relações entre empresas de variados tamanhos, inclusive, empresas de um único funcionário, que é o seu próprio dono.

A dinâmica neoliberal reforça a colonialidade. Primeiro, a boa cartilha neoliberal manda que as empresas privadas assumam todas as atividades econômicas. Assim, cabe ao Estado assegurar que essas empresas assumam a criação, execução e manutenção do máximo de ações possíveis. Segundo, o *ethos* da concorrência manda apostar no menor preço com a melhor qualidade – esta nem sempre exigida. Terceiro, o desenvolvimento virá da escolha e do consumo dos melhores produtos e serviços, independentemente de outros valores ou princípios, como local de produção e benefícios sociais. Assim, para o neoliberal não seria sustentável a opção de criar e manter serviços executados pelo Estado, nem gastar recursos que deveriam ser investidos em empresas privadas, muito menos tentar soluções custosas de desenvolver localmente o que pode ser obtido globalmente. O neoliberalismo utiliza com anabolizantes a teoria das vantagens comparativas de David Ricardo.

Assim, países periféricos devem se empenhar em comprar os melhores produtos e serviços pelo menor preço. O uso é subentendido como o passaporte para o avanço econômico. A invenção, o domínio da técnica, deve se concentrar nas grandes empresas que possuem capital para essa atividade. Seria demasiadamente irracional e custoso criar outros produtos e soluções próprias, pois isso iria se confrontar com a ideia de obter o melhor pelo mais econômico. Quase todo documento de uso de tecnologia digital, da nomeada transformação digital dos Estados, enaltece a redução de custos. Essa lógica reforça a colonialidade, uma vez que a margem de manobra e as opções para encontrar outras saídas longe da compra de produtos e serviços das grandes corporações dos países ricos seriam muito pequenas ou inexistentes.

No cenário das tecnologias da informação e no capitalismo digital, Dan Schiller, já no fim do século XX, havia detectado que, embaladas pelo neoliberalismo, as infraestruturas do ciberespaço, os sistemas de telecomunicações, foram completamente orientadas para o mercado e o fortalecimento de corporações transnacionais. Schiller via, entre outras consequências, que a expansão da internet nos levaria ao aprofundamento do consumismo em escala transnacional e ao domínio até das estruturas e processos educacionais dos países pobres. O que ocorreu no início de 2020 com o Sistema de Seleção Unificada, SiSU, do Ministério da Educação (MEC), é um exemplo cabal do reforço mútuo da relação entre o neoliberalismo e a colonialidade, bem como das tendências apontadas por Schiller.

O SiSU é um sistema informatizado, criado em 2010, pelo qual as instituições públicas de ensino superior ofertam suas vagas conforme as notas obtidas pelas pessoas que participaram do Exame Nacional do Ensino Médio (Enem). A direção do MEC decidiu entregar os dados do SiSU para serem processados na nuvem da Microsoft, chamada Azure. Ou seja, hospedou os dados do desempenho escolar de milhões de estudantes brasileiros para serem tratados na plataforma estadunidense.[26] O principal argumento foi o do alto custo em manter esses dados em um *data center* do próprio. Além disso, segundo a Rede Nacional de Pesquisa, a solução da Microsoft atendeu 1,8 milhão de estudantes, que realizaram 3,5 milhões de inscrições, com 210 mil usuários conectados ao mesmo tempo, perfazendo 7 mil inscrições por minuto e a média de 1,5 milhão de acessos diários. Outro importante argumento é de que, além de aumentar a segurança do processo, espera-se uma economia de aproximadamente 22 milhões de reais em cinco anos de projeto.

Dados dos estudantes que cursaram o ensino médio, como a renda familiar bruta mensal de cada um, os valores recebidos em diversos programas sociais, a nota no Enem, as médias populacionais relacionadas à cor declarada e a deficiências, entre outras informações sensíveis, foram entregues à plataforma Mi-

---

[26] Menezes, Dyelle; Pera, Guilherme. "Microsoft destaca Sisu em nuvem como case de sucesso". Portal do Ministério da Educação (MEC), 23 mar. 2020. Disponível em: https://www.gov.br/mec/pt-br/assuntos/noticias/microsoft-destaca-sisu-em-nuvem-como-case-de-sucesso. Acesso em: 29 jul. 2021.

crosoft Azure. Não consta dos debates públicos ou entre gestores do governo a constatação de que a corporação estadunidense de tecnologia possui interesses econômicos no país e na própria área educacional brasileira, nem que, provavelmente, hospedou os dados em servidores localizados nos Estados Unidos, em sua denominada nuvem pública. O acesso e a manipulação desses dados não aparecem como problema. As notas das autoridades não destacam nem mesmo a importância das normas contratuais específicas de proteção de dados de adolescentes.

No contexto da governamentalidade neoliberal, a construção de uma solução infraestrutural para a hospedagem de dados e a implementação de *frameworks* de inteligência artificial do próprio MEC e das universidades brasileiras não é considerada razoável. A economia imediata, a entrega de atividades antes executadas pelo Estado a empresas privadas, a crença em contratos e em um padrão moral isento de interesses geoestratégicos e negociais conformam um regime de verdade da gestão pública neoliberal. Assim, os primados da boa conduta neoliberal inundam as cartilhas de boas práticas da gestão pública e reforçam a dependência das práticas econômicas das grandes plataformas, das *big techs*. Os princípios neoliberais reforçam a colonialidade, esse padrão de poder mundial que surgiu há mais de quinhentos anos.

A colonialidade trabalha preferencialmente o tempo imediato. As soluções sempre devem estar prontas, a dromoaptidão[27], a velocidade acelerada das soluções ofertadas pelas plataformas é enaltecida. As corporações sempre estão prontas a

---

[27] Trivinho, Eugênio. "Introdução à dromocracia cibercultural: contextualização sociodromológica da violência invisível da técnica e da civilização mediática avançada". *Revista FAMECOS: mídia, cultura e tecnologia*, n. 28, p. 63-78, 2005.

nos servir, serão mais rápidas do que construir um caminho de aprendizado e de fortalecimento das inteligências locais. No contexto da colonialidade, o colonizado, a inteligência coletiva local, nunca está pronto, apto, capacitado para enfrentar um problema sem recorrer a uma corporação da matriz. O neoliberalismo se aconchega na colonialidade.

2.2. ECONOMIA DIGITAL E MERCADO DE DADOS

A colonialidade é um padrão mundial assimétrico de poder e de subjetivação. O neoliberalismo é o atual ordenamento capitalista que envolve um estilo de governar e de ver o mundo como um arranjo de empresas que competem em função de um progresso infinito. O desenvolvimento do capitalismo ainda em transição para a supremacia neoliberal, no último quarto do século XX, viu surgir uma revolução tecnológica em que os produtos de maior valor agregado eram originados das tecnologias informacionais. Manuel Castells descreveu esse processo como a superação do mundo industrial e a constituição de uma era informacional, sem fazer uma relação de causa e efeito entre o sistema socioeconômico e a emergência das tecnologias da informação.[28] Nesta era informacional, o capitalismo promoveu a digitalização de toda a produção simbólica e ampliou as redes digitais que recobriram o planeta. O capitalismo informacional se digitalizou e na primeira década do século XXI assentou bases para o surgimento de um mercado de dados pessoais, que não nasceu de um devir das tecnologias digitais.

Anteriormente, o mercado de dados era relativamente pequeno, servindo principalmente ao capitalismo financeiro. En-

---

[28] Castells, Manuel. *A sociedade em rede*. 21. ed. Rio de Janeiro: Paz & Terra, 2013. v. 1: A Era da Informação: Economia, Sociedade e Cultura.

tretanto, com o sucesso de um modelo de negócios baseado na oferta em rede de interfaces e serviços gratuitos, a coleta e o tratamento de dados pessoais foram crescendo e gerando um fenômeno dominante na economia digital. Assim, o capitalismo neoliberal do século XXI tem na datificação um segmento de destaque e de alta lucratividade. Esse capitalismo baseado em dados é chamado pela pesquisadora Shoshana Zuboff de capitalismo de vigilância.[29]

Enquanto o capitalismo digital indica um conjunto específico de tecnologias, o capitalismo de vigilância enfatiza um processo socioeconômico baseado na coleta generalizada de dados. Outra expressão – capitalismo de plataforma – destaca a instituição superior e típica da economia baseada em dados. Nick Srnicek define plataforma como uma estrutura digital que se coloca como intermediária da relação entre elementos de um mercado ou segmento de mercado.[30] A plataforma permite que a oferta encontre a demanda e vice-versa. Ela coleta dados de todos os agentes de um mercado e assim fica em posição estratégica. A Uber é um exemplo de plataforma. Seu negócio consiste na colocação de interfaces que permitam àquele que tem um veículo para o transporte individual urbano encontrar aquele que precisa realizar um deslocamento na cidade e está disposto a pagar por isso. Com a operação em curso, as plataformas que utilizam sistemas algorítmicos em sua gestão vão obtendo dados estratégicos de cada elemento do mercado.

O mercado de dados se tornou um dos principais mercados do capitalismo contemporâneo. É altamente lucrativo e

---

[29] Zuboff, Shoshana. *The Age of Surveillance Capitalism*: *The Fight for a Human Future at the New Frontier of Power*. Whashington: PublicAffairs, 2019.
[30] Srnicek, Nick. *Platform Capitalism*. Nova Jersey: John Wiley & Sons, 2017.

tem gerado plataformas gigantescas que não param de coletar dados e colonizar o planeta, o que Couldry e Mejias qualificaram como a conversão dos fluxos da vida em dados.[31] No início de 2020, das cinco empresas que ultrapassaram o valor de 1 trilhão de dólares na Bolsa de Valores de Nova York,[32] quatro eram empresas de tecnologia da informação (Apple, Microsoft, Alphabet, Amazon) e apenas uma era de outro segmento, a petrolífera estatal saudita Aramco. Das quatro empresas de tecnologia, uma tem mais de 90% do seu faturamento originado em operações com dados pessoais, o grupo Alphabet, controlador do Google. Duas são plataformas, conforme definição de Nick Srnicek: Amazon e Alphabet. A Microsoft e a Apple estão se convertendo igualmente em plataformas gigantescas, tendo os dados como fonte importante de seus rendimentos.

Em 2019, os faturamentos das cinco grandes *big techs* – Google / Alphabet, Apple, Facebook, Amazon e Microsoft – atingiram a estratosférica quantia de 899 bilhões de dólares. Um número que, comparado ao PIB de diversos países no mesmo período, demonstra o poder dessas empresas: 48,8% do PIB do Brasil (1,8 trilhão de dólares), 70% do PIB do México (1,2 trilhão de dólares), 64% do PIB da Espanha (1,3 trilhão de dólares), duas vezes o PIB da Argentina (445 bilhões de dólares).

Apenas os faturamentos do grupo Google/Alphabet e das empresas do Facebook perfizeram 232,5 bilhões de dólares em 2019. Essas duas corporações são plataformas que sustentam

---

[31] Couldry, Nick; Mejias, Ulises A. *The Costs of Connection: How Data Is Colonizing Human Life and Appropriating It for Capitalism*. Stanford: Stanford University Press, 2019.

[32] As 4 empresas de tecnologia que já valem mais de US$ 1 trilhão". *Portal G1*, 15 fev. 2020. Disponível: https://g1.globo.com/economia/tecnologia/noticia/2020/02/15/as-4-empresas-de-tecnologia-que-ja--valem-mais-de-us-1-trilhao.ghtml. Acesso em: 29 jul. 2021.

suas operações fundamentalmente no armazenamento, no tratamento e na análise de dados pessoais. A comparação dos faturamentos das empresas com o PIB dos países, naquele mesmo ano, reforça o sucesso do modelo dos negócios da dataficação. Ilustra a enorme força da combinação jamais vista da concentração de poder econômico, poder comunicacional e poder de análise. Google/Alphabet e Facebook faturaram um valor igual aproximadamente a 71% do PIB da Colômbia, a 82% do PIB do Chile, a 102% o PIB do Peru, a duas vezes o PIB do Equador, a quatro vezes o PIB do Uruguai e a 5,6 vezes o PIB da Bolívia.

2.3. ALIENAÇÃO TÉCNICA, REDES DE SUJEIÇÃO E OFUSCAMENTOS

A alienação técnica é uma condição que contribui muito com a colonialidade, em um cenário em que as tecnologias são cada vez mais elementos fundamentais da constituição do poder econômico, cultural e político. A alienação técnica alavanca a alienação do trabalho e se dissemina com a ideia de que as tecnologias são apenas meios, nada mais que instrumentos a nosso serviço. A alienação técnica, termo originariamente forjado pelo filósofo Gilbert Simondon,[33] aqui é definida como a ignorância ativa sobre como funcionam as redes de criação, desenvolvimento e uso de tecnologias, na fé da completa ausência de importância de se conhecer e dominar localmente os processos tecnológicos. A alienação tecnológica em uma sociedade dataficada é reforçada pelo dataísmo. Segundo Jose Van Dijck, o dataísmo é a crença na quantificação e no rastreamento de todos os tipos de comportamento humanos e sociabilidades pelas

---

[33] Simondon, Gilbert. *El modo de existencia de los objetos técnicos.* Buenos Aires: Prometeo Libros Editorial, 2007.

tecnologias das mídias online.[34] Também é a confiança extrema na imparcialidade e na neutralidade dos agentes que coletam, interpretam e compartilham os dados coletados.

A alienação técnica apoia a ofuscação promovida pelas redes de submissão, encontradas no processo de colonialidade. O primeiro desse obscurecimento aqui tratado é a crença de que as empresas e plataformas digitais seriam neutras e apenas existem para melhorar a nossa experiência. Bruno Latour[35] nos mostrou que o papel de intermediário quase sempre é o de mediador, ou seja, aquele que interfere nas interações e nas relações com seus valores e sentidos de urgência, entre outros elementos. Todavia, vamos a um ponto mais prosaico. A operação de um mero mecanismo de busca aloca o resultado em um ordenamento de *links* conforme critérios que envolvem decisões humanas, portanto, carregadas de valores, noções, saberes e decisões políticas de qual seria a melhor solução para uma escolha algorítmica ou o melhor modo de aprendizado com os dados que receberá. Os conteúdos distribuídos pelos algoritmos do Facebook seguem parâmetros definidos pelos seus formuladores e visam ampliar a monetização da plataforma. A Uber escolhe motoristas conforme seus critérios de pontuação que envolvem penalizações e incentivos aos que estão adequados ao perfil definido pelos gestores da empresa.

No período eleitoral de 2020, tanto o Facebook quanto o YouTube realizaram bloqueios de conteúdo ou proibiram impulsionamentos com óbvia conotação política e moral. Além disso, Edward Snowden, em 2013, mostrou com evidências

---

[34] Van Dijck, Jose. "Datafication, dataism and dataveillance: Big Data between scientific paradigm and ideology". *Surveillance & Society*, v. 12, n. 2, p. 197-208, 2014.

[35] Latour, Bruno. *Reagregando o social: uma introdução à teoria do Ator-Rede Salvador*. Bauru: Edufba / Edusc, 2012.

incontestadas e assumidas pelo governo estadunidense que as empresas de tecnologia colaboraram com a espionagem global realizada pela National Security Agency, NSA, agência de inteligência das redes informacionais dos Estados Unidos.

A segunda grande ofuscação ocorre pela confiança e pela fé no cumprimento dos contratos pelo conjunto das plataformas, mesmo quando a decisão está fora da jurisdição nacional. Como se o Poder Judiciário de um país rico e poderoso não tivesse a tendência de proteger suas corporações. Como se os contratos de guarda de dados não fossem extremamente complexos. Além disso, as minúcias das declarações e das políticas de armazenamento e de tratamento de dados deixam, em geral, cláusulas que permitem uma série de ações não imaginadas e não previstas pelos clientes. Até porque tais clientes estão pouco preocupados com essas plataformas, pois estão submetidos à crença em sua completa neutralidade e ausência de usos não declarados. O caso da fraude dos algoritmos embarcados nos sistemas eletrônicos dos veículos da Volkswagen pode ilustrar bem que pessoas jurídicas praticam ações ilícitas tanto quanto as pessoas físicas.[36]

Outro caso que desencoraja a convicção cega na correção e na legalidade permanente das ações corporativas vem da plataforma Google, flagrada armazenando ilegalmente os endereços de redes Wi-Fi por meio de seus veículos do Google Street View. Primeiro negou, mas posteriormente a Google assumiu que, a partir de receptores ocultados em seus veículos, coletou os endereços das placas de rede dos roteadores (MAC *addresses*), o

---

[36] "Dieselgate: veja como escândalo da Volkswagen começou e as consequências". *Portal G1*, 23 set. 2015. Disponível: http://g1.globo.com/carros/noticia/2015/09/escandalo-da-volkswagen-veja-o-passo-passo-do-caso.html. Acesso em: 29 jul. 2021.

SSIDs de rede (o nome de ID de rede atribuído pelo usuário) e que interceptou e armazenou dados de transmissão de Wi-Fi, o que inclui senhas e conteúdos de e-mail.[37]

O terceiro elemento da ofuscação é a convicção de que a coleta massiva de dados das populações tem o mesmo efeito nos países ricos e centrais e nos pobres e periféricos. Não haveria diferença na extração de dados nos Estados Unidos, na França e no Brasil. Sem dúvida, o modelo implementado pelas plataformas é o de extração, processamento e análise de dados em todo o planeta. Todavia, os efeitos não são os mesmos. O fluxo transfronteiriço de dados não é do Norte para o Sul, mas da periferia para o centro. Os dados dos estudantes estadunidenses e franceses dificilmente seriam armazenados e tratados fora de seus países, dificilmente poderiam ser levados para um *data center* na Rússia, China ou Brasil, que não fosse de propriedade de suas empresas nacionais. Basta observar o argumento apresentado pelo governo inglês para, em um primeiro momento, proibir o uso de equipamentos 5G da Huawei em seu território. A empresa chinesa é acusada de praticar espionagem cibernética para o governo chinês, sendo uma ameaça à segurança nacional do Reino Unido. As razões para restrições e bloqueios tecnológicos podem ser outras, mas é perceptível que os países centrais resistem em perder seu poder tecnológico, mesmo para um gigante como a China.

As volumosas verbas de publicidade de um mercado como o brasileiro, que antes ficavam dentro do próprio país, com o crescimento do poder das plataformas na mediação das principais relações do cotidiano dos países periféricos, são transfe-

---

[37] "Investigations of Google Street View". Epic.org - Eletronic Privacy Information Center. Disponível em: https://epic.org/privacy/streetview/. Acesso em: 27 maio 2021.

ridas aos grupos que controlam as tecnologias. As plataformas detêm os serviços digitais mais utilizados e, a partir deles, os serviços mais lucrativos. A perda de recursos econômicos se dá ao lado de uma maior sujeição cultural e demasiado bloqueio à criatividade local que não seja definida dentro da controlada arquitetura de informações e dentro dos limites do desenho dessas plataformas. O resultado econômico é a maior retirada de capital da balança de serviços e consequentemente maior dependência de superávits na balança comercial.

Além disso, as redes de submissão organizadas pelas consultorias, pelos lobistas das grandes corporações, serviços diplomáticos e organizações como o World Economic Forum visam disseminar uma cultura de subordinação aos produtos e serviços tecnológicos das plataformas, impedindo a formulação e implementação de políticas públicas que utilizem o potencial e a inteligência criativa local. Na economia de dados, isso se manifesta na impossibilidade de até mesmo tratar os dados das empresas e da sociedade nos próprios territórios e em instituições e empresas locais. A fusão do ordenamento neoliberal com as teias de colonialidade sustentam a posição de eterno dependente das tecnologias criadas na matriz. Para adquiri-las, deve buscar aplicar os produtos de tecnologias avançadas e utilizar os serviços de dados e de aprendizado de máquina das plataformas nos produtos de exportação que sustentarão uma entrada de divisas positiva. Essa é uma das razões pelas quais na *Estratégia Brasileira de Transformação Digital*, lançada em 2018, não se indicam como vantagens competitivas brasileiras para superar desafios e avançar na digitalização da economia nem as nossas universidades nem a nossa criatividade técnica, muito menos a pesquisa local sobre inteligência artificial, mas um "agronegócio desenvolvido" e "um mercado consumidor atraente".[38] Exportam-se dados em estado bruto para se obterem informações e soluções algorítmicas das plataformas.

O quarto polo de ofuscamento está na convicção da impossibilidade de desenvolvimento de pesquisas e soluções a partir da aposta na inteligência computacional local, na soberania algorítmica e no conhecimento tecnológico como um bem comum livre. A noção de soberania algorítmica vem na esteira da noção de soberania relacionada ao design de software apresentada no livro de Benjamin Bratton chamado *The stack: On software and sovereignty*.[39] Soberania algorítmica é o nome da tese de doutorado de Denis Roio, defendida em 2018,[40] em que acompanha projetos que buscam aumentar o controle das comunidades e localidades sobre o desenvolvimento dos algoritmos. O pesquisador considera crucial compreender o que está inscrito em tais algoritmos, quais são as consequências de sua execução e quais agenciamentos operam. Essa prática de governança de um algoritmo pelas comunidades é fundamental em tempos de *machine learning* e de uma inteligência artificial baseada em dados. A ideia de soberania pode ser ampliada para a estrutura de dados e para o controle democrático de dados pela sociedade.

Os movimentos de software livre e as possibilidades de tecnologias abertas são brechas na estrutura do neoliberalismo e permitem a apropriação de tecnologias para a sua reconfigura-

---

[38] Brasil. Ministério da Ciência, Tecnologia, Inovações e Comunicações. *Estratégia brasileira para a transformação digital*. Brasília: MCTIC, 2018. Disponível em: https://antigo.mctic.gov.br/mctic/export/sites/institucional/arquivos/estrategiadigital.pdf. Acesso em: 29 jul. 2021.
[39] Bratton, Benjamin H. *The Stack*: On Software and Sovereignty. Massachusetts: MIT Press, 2016.
[40] Roio, Denis. *Algorithmic sovereignty*. (Tese de Doutorado em Filosofia), University of Plymouth, 2018. Disponível: http://hdl.handle.net/10026.1/11101.

ção e para receberem as influências das culturas e cosmovisões locais. No caso brasileiro, as universidades estão paralisadas em virtude da colonialidade e da dominação epistemológica que bloqueiam ações avançadas de inventividade para além do mercado de dados e das perspectivas das plataformas.

2.4 CONCLUSÃO

Apesar de a expressão colonialismo de dados ser empregada como um modo geral de as *big techs* colonizarem as sociedades com dispositivos de coleta de dados, como uma fase comparável a um processo de apropriação inicial e transitório para a consolidação de uma outra fase do capitalismo, a observação da dinâmica do capital indica que o colonialismo de dados também, e principalmente, deve ser compreendido como um processo de empobrecimento dos países periféricos diante das gigantescas plataformas de dados. Os fluxos dos dados estão ocorrendo em sentido único. Dados como ativos de grande valor econômico e insumos vitais para os sistemas algorítmicos de aprendizado de máquina são gerados por dispositivos criados pelas plataformas que os extraem e concentram em seu poder. Isso gera maior capacidade de análise e, por conseguinte, maior conhecimento codificado nas mãos das plataformas, novos leviatãs.

É urgente iniciar um conjunto de pesquisas que tracem as redes de subordinação da colonialidade nesse cenário de uma economia neoliberal datificada. É igualmente necessário descortinar e decodificar a colonialidade nas práticas discursivas e ideológicas, as que consolidam e reproduzem barreiras paralisantes para a apropriação dos dados e para a criação de novos usos e novas finalidades. Que as tecnologias sirvam às localidades e aos interesses da inteligência coletiva, que rompam com as assimetrias e com as desigualdades do capital.

3. A COLONIZAÇÃO DOS DADOS COMO PRODUTO DAS OPERAÇÕES DAS MÍDIAS SOCIAIS NO SUL GLOBAL

Débora Franco Machado

Doutoranda e mestra em Ciências Humanas e Sociais pela UFABC. Pesquisadora no Laboratório de Tecnologias Livres da UFABC

As equipes do Google Cloud Storage e do Google Geo publicaram no dia 1º de abril de 2017 uma notícia revelando que estavam levando a sua plataforma de nuvem a Marte.[41] O texto dizia que agora, além de oferecer suporte para a "recuperação de desastres e soberania de dados de nossos clientes baseados na Terra",[42] a empresa estava desenvolvendo a infraestrutura de nuvem necessária para "a exploração e colonização final do Planeta Vermelho".[43] Entre as vantagens dessa nova empreitada, estaria o fato de os clientes poderem "optar por armazenar dados exclusivamente na nova região de Marte, fora de quaisquer jurisdições controladas na Terra".[44] A publicação foi feita em tom de piada

---

[41] "Google Cloud Platform Expands to Mars". *Google Cloud Blog*, 1 abr. 2017. Disponível em: https://cloud.google.com/blog/products/infrastructure/google-cloud-platform-expands-to-mars. Acesso em: 25 fev. 2021.

[42] No original: "disaster recovery and data sovereignty needs of our Earth-based customers".

[43] No original: "exploration and ultimate colonization of the Red Planet".

[44] No original: "can choose to store data exclusively in the new Mars

para o dia da mentira, mas o uso irônico de termos como colonização, soberania de dados e a promessa de jurisdições em locais mais vantajosos para os negócios não foi por acaso. Como vimos nos capítulos anteriores, há uma discussão crescente em torno do que podemos chamar de colonialismo de dados.

Para Couldry e Mejias,[45] estamos vivendo uma nova fase de capitalismo, que atua como uma extensão do processo de extração global que começou sob o colonialismo histórico e pode ser chamada de colonialismo de dados. Se antes colonizadores se apropriavam de recursos naturais e da força de trabalho humano, hoje é a vida que está sendo apropriada, por meio da conversão de todas as formas de relações sociais em dados.

Os autores citam quatro componentes-chave do colonialismo histórico que possuem semelhanças diretas com o colonialismo de dados: a apropriação de recursos; a amplificação de relações econômicas e sociais assimétricas para assegurar essa apropriação; a distribuição desigual dos recursos apropriados e o valor extraídos deles; e a propagação de visões de mundo que façam com que a lógica colonialista tenha sentido (por exemplo, o conceito de povos que precisam ser civilizados). Pensando na expressão atual do colonialismo assentado em dados, os recursos apropriados hoje são todas as atividades e relações humanas que possam ser transformadas em dados. As relações envolvidas nessa apropriação seguem assimétricas, principalmente ao pensar na relação dos países que comandam as *big techs* com os países que possuem o maior número de usuários ativos em suas plataformas. Esses recursos não são comparti-

---

region, outside of any controlled jurisdictions on Earth".
[45] Couldry, Nick; Mejias, Ulises A., *The Costs of Connection: How Data Is Colonizing Human Life and Appropriating It for Capitali*sm. 1. ed. Stanford, California: Stanford University Press, 2019.

lhados com as pessoas que cedem seus dados e o marketing dessas plataformas, que modula suas visões de mundo,[46] as faz acreditar que seus dados estão sendo coletados meramente para que a experiência delas na plataforma seja otimizada.

Transformar vidas em *commodities* e controlá-las por meio da vigilância não é algo novo na história da humanidade e já vem sendo discutido por autoras como Simone Browne.[47] No entanto, é importante notar que, diferentemente do colonialismo histórico, o colonialismo de dados não precisa utilizar a violência física para se apropriar dos diversos aspectos da vida humana, pois pode operar "por meios distintos de força para se certificar que há colaboração dos sistemas emaranhados de extração da vida diária".[48] Para a lógica do extrativismo de dados, tudo é uma fonte de dados e se recusar a gerá-los significa exclusão.[49]

Assim como recursos naturais e humanos não estavam simplesmente disponíveis para a extração quando os colonizadores chegaram à América e foi necessária a criação de estruturas e dinâmicas para possibilitar que isso ocorresse, os dados também não estão simplesmente disponíveis e prontos para serem apropriados. Para que isso pudesse ocorrer, foi necessária a criação de sistemas que possibilitassem essa coleta de dados, preferencialmente incentivando os indivíduos a compartilharem cada vez mais informações sobre diferentes camadas de suas vidas.[50]

---

[46] Lazzarato, M. *As revoluções do capitalismo*. São Paulo: Record, 2006. Deleuze, Gilles. *Conversações*. São Paulo: Editora 34, 1992.
[47] Browne, Simone. *Dark Matters: On the Surveillance of Blackness*. Carolina do Norte: Duke University Press, 2015.
[48] Couldry; Mejias. *The Costs of Connection*, op. cit., p. 6.
[49] Ricaurte, Paola. "Data Epistemologies, The Coloniality of Power, and Resistance". *Television & New Media*, v. 20, n. 4, p. 350-365, 2019.
[50] Zuboff, Shoshana. *A era do capitalismo de vigilância*. Rio de Janeiro: Intrínseca, 2021.

O crescente uso das plataformas de mídias sociais, em conjunto com a popularização de *smartphones* com sensores que permitem o monitoramento constante das atividades de seus usuários, tornou esse um ambiente perfeito para a colonização da vida.

3.1. MÍDIAS SOCIAIS, MODERAÇÃO DE CONTEÚDO E A COLONIALIDADE NAS OPERAÇÕES NO SUL GLOBAL

As plataformas de mídias sociais mais usadas pelos brasileiros, como Facebook, Twitter, Instagram e Youtube, possuem modelos de negócio similares entre si. Por mais que suas propostas e serviços sejam diferentes, seus modelos de negócios são baseados na venda de anúncios e impulsionamento de conteúdos em suas plataformas. Nos últimos anos, os estudos de sistemas algorítmicos por pesquisadores das áreas das ciências humanas e sociais e da comunicação se voltou a tentar entender um processo essencial para a manutenção do modelo de negócio das plataformas e da extração de valor dos dados: a modulação de comportamento.[51] Para que um usuário seja guiado, por meio de estratégias diversas,[52] a realizar a ação que trará o maior retorno financeiro possível para a empresa naquele momento, são necessários uma coleta e processamento exponencial de dados pessoais.

No colonialismo histórico, ferramentas de organização e representação de informação, como os mapas, serviam para que o

---

[51] Souza, Joyce; Avelino, Rodolfo; Silveira, Sérgio Amadeu da (Org.). *A sociedade de controle*: manipulação e modulação nas redes digitais. São Paulo: Hedra, 2018.
[52] Machado, Débora Franco. *Modulações algorítmicas: uma análise das tecnologias de orientação de comportamento a partir das patentes do Facebook*. Dissertação (Mestrado em Ciências Humanas e Sociais), Universidade Federal do ABC, São Bernardo do Campo, 2019.

colonizador conseguisse controlar o colonizado à distância. No colonialismo de dados, novas ferramentas, agora amparadas por sistemas algorítmicos robustos, assumem a função de ajudar o colonizador a controlar as ações dos colonizados, que estão localizados em territórios distantes e possuem culturas tão diferentes daquela de onde o colonizador opera. Por mais que na lógica capitalista o objetivo das empresas com a modulação de comportamento seja o mesmo – maximizar seus lucros onde quer que o capital opere –, os caminhos que levam indivíduos de diferentes regiões do mundo (ou mesmo de diferentes grupos em um mesmo país) a chegar a um mesmo objetivo são distintos.

No Facebook, o Social Graph funciona como um diagrama com nós que conectam usuários, suas ações e os objetos dessas ações.[53] É um grande mapa em constante mutação que conecta tudo que se relaciona dentro da plataforma; também funciona como uma complexa base de dados para categorizar, agrupar e inferir sobre os usuários. Todas essas informações são armazenadas nos quinze bancos de dados físicos da empresa, todos localizados no hemisfério norte.[54]

As plataformas de mídias sociais possuem uma abrangência global e podem ser acessadas de praticamente qualquer lugar do mundo que possua uma conexão com a internet. Ainda assim, a oferta de trabalho dessas empresas – que mantêm suas sedes e bancos de dados concentrados nos Estados Unidos e na Europa – não segue a mesma lógica. Observar as regiões

---

[53] Joler, Vladan; Petrovski, Andrej. *Immaterial Labour and Data Harvesting*, SHARE LAB. Disponível em: https://labs.rs/en/facebook-algorithmic-factory-immaterial-labour-and-data-harvesting. Acesso em: 18 maio 2018.

[54] Datacenters.com. *Facebook: Company Profile, Data Center Locations*. Disponível em: https://www.datacenters.com/providers/facebook. Acesso em: 8 out. 2020.

escolhidas para terceirizar algumas das funções mais essenciais, porém menos valorizadas, na cadeia de funcionamento desses sistemas é importante para entendermos a colonialidade[55] presente na organização global das operações dessas empresas. A moderação de conteúdo é um bom exemplo.[56]

Os moderadores de conteúdo são responsáveis pela função de analisar e remover, juntamente aos sistemas algorítmicos, qualquer conteúdo que viole as políticas dessas plataformas. Isso inclui desde violações a direitos autorais até vídeos de teor sexual ou contendo violência explícita.

A Facebook Inc., por exemplo, emprega em torno de 15 mil moderadores de conteúdo.[57] Alguns trabalham internamente em suas sedes, mas a grande maioria está alocada em empresas terceirizadas. Atualmente, o Sudeste Asiático é a principal escolha de empresas como Facebook Inc., Alphabet Inc. (principalmente para o YouTube) e Twitter para terceirizar esse tipo de serviço.[58]

O fato de países como a Índia e as Filipinas terem sido colonizados por nações de língua inglesa, com a cultura do Reino

---

[55] Quijano, Aníbal. Colonialidade do poder e classificação social. In: Santos, Boaventura de Sousa; Meneses, Paula (Org.). *Epistemologias do Sul*. Coimbra: Edições Almedina, 2009. p. 73-118.

[56] Gillespie, Tarleton, *Custodians of the Internet: Platforms, Content Moderation, and the Hidden Decisions that Shape Social Media*. Londres: Yale University Press, 2018.

[57] Jee, Charlotte. "Facebook needs 30,000 of its own content moderators, says a new report". *MIT Technology Review*, 8 jun. 2020. Disponível em: https://www.technologyreview.com/2020/06/08/1002894/facebook-needs-30000-of-its-own-content-moderators-says-a--new-report. Acesso em: 27 fev. 2021.

[58] Elliott, Vittoria; Parmar, Tekendra. "The despair and darkness of people will get to you". *Rest of World*, 22 jul. 2020. Disponível em: https://restofworld.org/2020/facebook-international-content-moderators. Acesso em: 24 fev. 2021.

Unido e dos Estados Unidos impostas na educação e no entretenimento como parte desse processo,[59] é visto como um atrativo para as *big techs* escolherem essas regiões para terceirizar parte de suas operações. Antes mesmo de as mídias sociais fazerem parte de nosso dia a dia, cidades como Délhi, Hyderabad e Manila já abrigavam uma crescente indústria de *call centers* e já eram as principais escolhas das grandes empresas de tecnologia para terceirizar funções como atendimento ao cliente.[60]

O trabalho de moderação de conteúdo, apesar de intenso na região, não é restrito ao Sul Global. Mais de 10 mil trabalhadores americanos que atuam ou atuaram como moderadores de conteúdo entraram com uma ação judicial contra a Facebook Inc. alegando que o trabalho ao qual eles foram submetidos – que inclui analisar fotos e vídeos retratando violência extrema – lhes causou graves danos psicológicos. No início de 2020, a empresa chegou a um acordo de 52 milhões de dólares com os advogados que representaram os trabalhadores estadunidenses. Os contratados em países do Sul Global não tiveram o mesmo desfecho. Trabalhadores da Índia alegam que processos trabalhistas desse teor dificilmente vão para frente no país, pois esse não reconhece problemas de saúde mental como um risco ocupacional, enquanto nas Filipinas, embora existam leis trabalhistas que afirmem que as empresas terceirizadas também possuem responsabilidade pelos funcionários que trabalham para as empresas contratantes, essas leis não se aplicam às em-

---

[59] Constantino, Renato. "The Miseducation of the Filipino". In: *The Filipinos in the Philippines and Other Essays*. [s.l.]: Malaya Books, 1966. p. 39-65.
[60] Zhang, Muqing M. "Colonialism is alive in the exploited tech work force". *The Outline*, 6 jun. 2019. Disponível em: https://theoutline.com/post/7533/colonialism-is-alive-in-the-exploited-tech-work-force. Acesso em: 24 fev. 2021.

presas de *business process outsourcing*[61] (empresas que terceirizam processos de negócios que tenham foco em tecnologia da informação). Isso mostra que, mesmo ao observar funções similares exercidas por trabalhadores do Sul e do Norte Global, é possível identificar uma assimetria de vulnerabilidades.

Em algumas metrópoles de países ricos que não possuem o inglês como primeira língua, como é o caso de Berlim, empresas terceirizadas se beneficiam da escassez de trabalho para imigrantes que não falam a língua nativa, visto que em grande parte das vagas é possível trabalhar moderando conteúdo em sua língua natal e se comunicar com os gestores em inglês.[62]

Outro ponto importante para entender o papel das plataformas de mídias sociais na dinâmica de colonização de dados é observar seus projetos globais que envolvem criações de grandes infraestruturas físicas que ultrapassam o desenvolvimento de softwares e aplicações.

Em um dos poucos artigos[63] mostrando pessoas não brancas em sua imagem em destaque publicado no blog da equipe de engenharia do Facebook, com o título "Acelerando as inovações em infraestrutura e promovendo a conectividade global com nossos parceiros",[64] é possível conhecer alguns dos projetos de

---

[61] Elliott; Parmar. "The despair and darkness of people will get to you", *op. cit.*

[62] Krause, Till; Grassegger, Hannes. "Behind the Walls of Silence". *European Press Prize*, [s.d.]. Disponível em: https://www.europeanpressprize.com/article/stuck-web-evil-behind-walls-silence/. Acesso em: 24 fev. 2021.

[63] "Accelerating Infrastructure Innovations and Advancing Global Connectivity". *Facebook Engineering*, 25 fev. 202. Disponível em: https://engineering.fb.com/2020/02/25/connectivity/mobile-world-congress-2020. Acesso em: 17 fev. 2021.

[64] No original: "Accelerating innovations in infrastructure and advancing global connectivity with our partners".

infraestrutura da empresa em países da América Latina, África e Sudeste Asiático. Grande parte dos projetos possui como objetivo levar banda larga a preços acessíveis e expandir a conexão à internet móvel em áreas rurais dessas regiões. A empresa concentra os projetos em uma plataforma chamada Connectivity, que possui seu site próprio.[65] Em sua página principal, é possível ver o slogan "Trazendo mais pessoas online para uma Internet mais rápida"[66] e imagens de pessoas sorridentes usando seus *smartphones* em Gana, Tailândia e Filipinas. O texto em evidência afirma que uma das missões do Facebook é dar às pessoas o poder de construir uma comunidade e aproximar o mundo. Ao explorar os projetos presentes no site, é nítido que seu público-alvo nada se parece com a equipe executiva majoritariamente branca mostrada na página de liderança da empresa.[67]

Entre os projetos está o famoso e controverso Free Basics.[68] O projeto faz parte da iniciativa Internet.org, que tem como objetivo oferecer acesso gratuito a alguns sites de notícias, de informações sobre saúde, empregos, páginas educacionais e, claro, à própria plataforma de mídia social Facebook. O serviço é oferecido em parceria com operadoras locais.

No site há vídeos com exemplos de pessoas que se beneficiaram com o serviço.[69] Um professor voluntário de natação conta que ficou sabendo que 18 mil crianças morrem todos os anos afogadas em Bangladesh. "Informação é importante para

---

[65] Facebook Connectivity. Disponível em: https://connectivity.fb.com. Acesso em: 17 fev. 2021.
[66] No original: "Bringing more people online to a faster internet".
[67] "Executives". *Facebook*, About Facebook. Disponível em: https://about.fb.com/media-gallery/executives. Acesso em: 26 fev. 2021.
[68] "Free Basics". *Facebook Connectivity*. Disponível em: https://connectivity.fb.com/free-basics/. Acesso em: 26 fev. 2021.
[69] Facebook Connectivity, *op. cit.*

mim, informação é poder", ele fala ao final do vídeo. O segundo exemplo se passa na África do Sul, país que nos últimos anos vivencia a intensificação da colonização algorítmica.[70] Fusi conta que se beneficia do Free Basics ao poder acessar sites que falam de alimentação saudável e saúde sem ter de consumir o seu pacote de dados e usa essas informações para ajudar pessoas com HIV e diabetes na sua comunidade. "Ajudar as pessoas é um trabalho diário. Felicidade é um trabalho diário", ela diz. Em outro vídeo, um assessor de imprensa de uma banda em Gana conta que usando o serviço ele pode se comunicar com os fãs da banda por meio do Facebook sem gastar seus dados, o que é bom para os negócios. O último exemplo mostra um voluntário em uma comunidade na Tanzânia que conta que usa o Free Basics para procurar informações importantes sobre HIV e cuidados pré-natal para ajudar gestantes e finaliza com a frase "quando você dá conhecimento a alguém, você dá força". O apelo filantrópico do projeto surgiu após o serviço ser banido na Índia em 2016,[71] com forte apoio da sociedade civil. Apesar das críticas, o projeto seguiu sendo expandido para outras regiões, com destaque para a África, onde trinta países já possuem o serviço disponível.[72]

Vendo os vídeos, é difícil imaginar que o uso de um serviço gratuito possa ter qualquer consequência negativa. Contudo,

---

[70] Birhane, Abeba. "Colonização algorítmica da África". In: *Comunidades, algoritmos e ativismos digitais: olhares afrodiaspóricos*. São Paulo: LiteraRUA, 2020. p. 156-168.

[71] Mukerjee, Subhayan. "Net neutrality, Facebook, and India's battle to #SaveTheInternet". *Communication and the Public*, v. 1, n. 3, p. 356-361, 2016.

[72] Nothias, Toussaint. "Access granted: Facebook's free basics in Africa". *Media, Culture & Society*, v. 42, n. 3, p. 329-348, 2020.

alguns autores[73] comparam a entrada do Free Basics no continente africano com a campanha de marketing incisivo da Nestlé para promover o uso de sua fórmula infantil entre as mães de recém-nascidos entre os anos 1950 e 1980. Na ocasião, a Nestlé fornecia gratuitamente amostras das fórmulas para que as mães as dessem aos seus filhos. Ao mesmo tempo, a empresa criava estratégias de comunicação para convencer as mães que o uso da fórmula era essencial para uma boa qualidade de vida, com anúncios que mostravam as dificuldades da amamentação e como o produto industrializado solucionava os problemas. A adesão foi tamanha que se criou uma dependência fisiológica nas mulheres dessas regiões, que passaram a produzir menos leite. A analogia serve para mostrar uma prática comum no marketing: oferecer serviços gratuitos para uma determinada função de modo que o consumidor se acostume com o serviço e, caso a estratégia dê certo, não queira mais explorar outras opções.

Madianou[74] mostra que em diversas ações humanitárias que envolvem a área da inovação é possível encontrar formas do que ela chama de tecnocolonialismo.[75] A autora estudou especificamente algumas ações humanitárias em resposta à crise dos refugiados, incluindo hackatonas e projetos de incentivo ao desenvolvimento de sistemas com base em dados, e observou que a dataficação[76] atende cada vez mais à lógica da eficiência. Os

---

[73] *Ibidem*. Ver também: Baer, Edward. "Babies Means Business", *New Internationalist*, 1982.

[74] Madianou, Mirca. "Technocolonialism: Digital Innovation and Data Practices in the Humanitarian Response to Refugee Crises". *Social Media + Socie*ty, v. 5, n. 3, p. 1-13, 2019.

[75] No inglês *Technocolonialism*.

[76] Van Dijck, Jose. "Datafication, Dataism and Dataveillance: Big Data between Scientific Paradigm and Ideology". *Surveillance & Socie*ty, v. 12, n. 2, p. 197-208, 2014.

projetos analisados apresentam como produto sistemas de auditoria, feedback para as organizações não governamentais e outras propostas que passam longe de uma reforma humanitária ou atendem às necessidades dos refugiados. Ela ainda mostra que diversas ações usam campos de refugiados como local para a testagem da versão *beta* de seus produtos, terceirizando os riscos da experimentação "para alguns dos ambientes mais frágeis do mundo, com valor extraído para o benefício das partes interessadas, incluindo empreendedores privados e grandes empresas".[77]

Estudos como esse apontam na direção de que, mesmo ao pensar no mundo como um grande laboratório experimental para as empresas de tecnologia,[78] é possível identificar a parcela mais vulnerável a esses experimentos.

3.2. O CASO FREE BASICS E A COLONIZAÇÃO DOS DADOS POR MEIO DA CONECTIVIDADE

A Índia é o país com o maior número de usuários no Facebook[79] e foi uma das principais nações a ir contra o Free Basics, usando como base o princípio de neutralidade da rede.[80] O caso envolvendo o país foi também um dos impulsionadores no debate sobre o colonialismo de dados. Em fevereiro de 2016, logo após a decisão do país de banir o serviço em todo o

---

[77] Madianou. "Technocolonialism", *op. cit.*, p. 8

[78] Bruno, Fernanda Glória; Bentes, Anna Carolina Franco; Faltay, Paulo. "Economia psíquica dos algoritmos e laboratório de plataforma: mercado, ciência e modulação do comportamento". *Revista FAMECOS*, v. 26, n. 3, 2019.

[79] "Facebook Users by Country 2020". Statista. Disponível em: https://www.statista.com/statistics/268136/top-15-countries-based-on-number-of-facebook-users. Acesso em: 21 fev. 2021.

[80] Mukerjee. "Net neutrality, Facebook, and India's battle to #SaveTheInternet", *op. cit.*

território nacional, Marc Andreessen, investidor conhecido no Vale do Silício e membro do conselho administrativo do Facebook, publicou um tuíte dizendo: "O anticolonialismo tem sido economicamente catastrófico para o povo indiano há décadas. Por que parar agora?".[81] Além de ofensiva, a publicação sugere que o próprio investidor enxerga o projeto como uma forma de colonialismo. O tuíte foi deletado rapidamente, mas serviu de faísca para acender um debate mais profundo sobre o colonialismo histórico e o colonialismo de dados, com pessoas públicas como o investidor indiano Mahesh Murthy, que comparou o papel da empresa estadunidense com a da Companhia das Índias Orientais na época colonial.[82]

O debate foi puxado por organizações que lutam por uma internet livre, chamou a atenção da sociedade civil e chegou até as elites indianas. Em 2019, Mukesh Ambani, empresário considerado o homem mais rico da Ásia, pediu ao primeiro-ministro da Índia, Narendra Modi, que tomasse medidas para acabar com a crescente colonização dos dados praticada por corporações globais para que os dados fossem de propriedade dos próprios indianos e que eles pudessem controlá-los. A fala foi feita durante o nono Vibrant Gujarat Summit, evento que reunia outros grandes investidores de diversas áreas.[83] Por mais

---

[81] Solon, Olivia. "'It's digital colonialism": how Facebook's free internet service has failed its users". *The Guardian*, Tech, 27, jul. 2017. Disponível em: http://www.theguardian.com/technology/2017/jul/27/facebook-free-basics-developing-markets. Acesso em: 21 fev. 2021.

[82] Rai, Saritha. "Marc Andreessen Unwittingly Likens Facebook Free Basics To Colonialism, Kicks Up India Twitter Storm". *Forbes*, 10 fev. 2016. Disponível em: https://www.forbes.com/sites/saritharai/2016/02/10/marc-andreessen-unwittingly-likens-facebook-free-basics-to-colonialism-kicks-up-india-twitter-storm/. Acesso em: 26 fev. 2021.

[83] PTI. "India's Data Must Be Controlled by Indians: Mukesh Ambani". *Mint*, 20 jan. 2019. Disponível em: https://www.livemint.com/

inusitada que possa soar, sua fala não entra em contradição com seus valores neoliberais. Nos últimos anos, o magnata firmou contratos com Google e Facebook, mas segue afirmando que dados são extremamente valiosos e deveriam ser armazenados em bancos de dados na Índia.

No Brasil, os principais projetos de conectividade da Facebook Inc. envolvem disponibilizar Wi-Fi e futuramente 5G em áreas rurais, por meio de satélite e fibra ótica.[84] A versão brasileira do site da área de conectividade da empresa mostra duas parcerias: com as empresas Hughes e Brisanet. Ambas são responsáveis pelos *backbones*, satélites e outras estruturas necessárias para levar internet a locais remotos. Na parceria, a Facebook disponibiliza o software que é utilizado para que esse serviço funcione (como os sistemas para fazer o direcionamento do wi-fi comunitário e os aplicativos utilizados pelo usuário final), além de ferramentas de *analytics* para mostrar às empresas parceiras regiões que receberiam bem esses serviços. Isso significa que nessas regiões o Facebook não é apenas uma rede social, mas a empresa que fornece a conexão à internet e gerencia os dados de todos aqueles que se conectem à internet utilizando esses serviços.

Observar o empenho das empresas conhecidas por suas plataformas de mídias sociais, como é o caso da Facebook Inc., em firmar grandes projetos de cabeamento e infraestrutura no Sul Global é importante para dar materialidade às suas ações. Isso mostra que, para entendermos as consequências de seus modelos de negócio e suas dinâmicas de funcionamento, é ne-

---

Companies/QMZDxbCufK3O2dJE4xccyI/Indias-data-must-be-controlled-by-Indians-not-by-global-co.html. Acesso em: 21 fev. 2021.

[84] Facebook Connectivity. Disponível em: https://connectivity.fb.com/. Acesso em: 17 fev. 2021.

cessário colocar uma lente de aumento em todas as etapas que possibilitam a execução dessas tecnologias, e não apenas no uso que indivíduos fazem dessas plataformas. E isso inclui sua criação, o desenvolvimento e a implementação de infraestruturas, os mecanismos necessários para a sua operação, a dinâmica de trabalho que permeia a empresa[85], entre outros aspectos.

3.3. A ESTRUTURA GLOBAL E LOCAL DAS MÍDIAS SOCIAIS COMO MECANISMO COLONIZADOR

Bernhard Rieder, ao pensar nas ambivalências encontradas pelas plataformas que buscam uma integração global e local, afirma que uma das funções da coleta e análise de dados é dar artifícios para "reinstalar o domínio sobre sociedades que continuamente criam diferenciações que não mais se conformam aos agrupamentos e categorizações tradicionais".[86]

A afirmação conflui com os exemplos descritos neste capítulo, em que foi possível compreender de que forma as estruturas criadas pelas plataformas de mídias sociais para a coleta de dados e modulação de comportamento operam em um contexto de colonização dos dados e da vida. Os exemplos abordados nos mostram que o colonialismo histórico possui diversas similaridades com o colonialismo de dados, que podem ser melhor compreendidas ao nos aprofundarmos nas operações dessas plataformas no Sul Global.

---

[85] Grohmann, Rafael. "Plataformização do trabalho: entre dataficação, financeirização e racionalidade neoliberal". *Revista Eletrônica Internacional de Economia Política da Informação, da Comunicação e da Cultura*, v. 22, n. 1, p. 106-122, 2020.

[86] No original: "reinstall mastery over societies that continuously create differentiations that no longer conform to traditional groupings and categorizations". (RIEDER, 2020, p. 43).

Observar o investimento das empresas que reúnem o maior número de usuários em nível global em suas plataformas e projetos de infraestrutura nos ajuda a entender como a promessa da conectividade em países do Sul Global auxilia esse processo de colonização dos dados.

Por fim, entender o contexto em que se dá a escolha de países para a terceirização de serviços como a moderação de conteúdo serve para ilustrar a colonialidade ainda presente em países como a Índia e a Tailândia, além de mostrar claramente que, por mais que os serviços das plataformas de mídias sociais possuam uma abrangência global – e a modulação de comportamento e coleta massiva de dados ocorram em qualquer ponto geográfico em que essas plataformas são utilizadas –, certas vulnerabilidades locais ganham relevância ao se pontuar a escolha dessas empresas por territórios específicos para localizar suas operações em busca de mão de obra mais barata e legislações mais fracas.

4. COLONIALISMO DIGITAL: DIMENSÕES DA COLONIALIDADE NAS GRANDES PLATAFORMAS

Rodolfo Avelino

Especialista em Cibersegurança e professor do Insper. Doutor em Ciências Humanas e Sociais na Universidade Federal do ABC (UFABC) e pesquisador do Laboratório de Tecnologias Livres da UFABC (LabLivre)

A expansão do desenvolvimento das tecnologias digitais nas últimas três décadas e a forma ampla com que elas foram introduzidas na vida das pessoas têm provocado efeitos complexos nos contextos sociais, econômicos e políticos. Por intermédio de linguagens artificiais instaladas em dispositivos com alto poder de processamento e conectados à rede, protocolos de comunicação garantem o fluxo de dados via interconexões físicas, radiofrequência e satélites incompreensíveis para a quase totalidade de seus usuários. Diretamente relacionada com a onipresença exponencial das Tecnologias de Informação e Comunicação (TIC) no cotidiano da sociedade, a coleta de dados trouxe novos desafios para a privacidade, agora pressionada pela dinâmica do capital. Tal dinâmica é baseada sobretudo em seu processo de constantes inovações, desenvolvidas para coletar o máximo de dados das interações humanas cotidianas nas diversas plataformas (deslocamento, preferências, buscas, consumo, entre outras) em tempo real.

As tecnologias digitais corroboraram para que a prevalência da economia informacional se tornasse a principal prioridade no mundo. A grande via para a expansão da economia informacional foi a internet, que também impulsionou jargões como inovação, *startup* e transformação digital para que se tornassem as principais diretrizes empresariais.

A teoria da economia informacional é observada por Manuel Castells no primeiro volume de sua trilogia que busca esclarecer a dinâmica econômica e social da nova era da informação. O autor compreende que esse novo cenário influenciado pelas novas tecnologias da informação e sua interligação por meio das redes computacionais configuram uma "nova economia", caracterizada por ser informacional e global.[87] Essa economia, estruturada sobre a infraestrutura da rede mundial de computadores, procura despertar as atenções dos usuários para estimular seus desejos de consumo por intermédio das ações de publicidade e marketing.

Para o cientista político e sociólogo Sérgio Amadeu da Silveira, os dados pessoais se tornaram um dos principais mercados da economia informacional, sustentando a maior parte do faturamento das *big techs*. Nesse modelo de negócio, as informações coletadas sobre como procedemos, como trabalhamos, como estudamos são a matéria-prima para que algoritmos possam prever o que faremos em uma série de situações.[88]

Um exemplo de como os algoritmos preditivos podem usar as informações coletadas para oferecer produtos com base em previsões é o da Amazon,[89] que registrou uma patente chamada "Anticipatory Shipping" – em tradução simples, "remessa an-

---

[87] Castells, Manuel. *A sociedade em rede*. São Paulo: Paz e Terra, 2011. p. 119.
[88] Silveira, Sérgio Amadeu. *Tudo sobre tod@s: redes digitais, privacidade e venda de dados pessoais* [e-book] São Paulo: Editora Sesc, 2017. p. 46.
[89] Bensinger, Greg. "Amazon Wants to Ship Your Package Before You Buy It". *The Wallstreet Journal*, 17 jan. 2014. Disponível em: https://www.wsj.com/articles/BL-DGB-32082. Acesso em: 10 fev. 2021.

tecipada". Essa patente destina-se ao desenvolvimento de um sistema que entregará produtos aos clientes antes mesmo que eles façam o pedido. Os algoritmos preditivos avaliarão a chance de o cliente adquirir determinado produto e com base nessa análise entregarão em suas residências o objeto de desejo. Segundo a empresa, a estratégia pode reduzir o tempo de entrega, estimular a aquisição dos produtos e desencorajar a visita dos consumidores às lojas físicas.

A oferta de novos serviços é, pois, a principal estratégia para que grandes empresas como Google, Amazon, Facebook, Apple e Microsoft extraiam cada vez mais dados pessoais de seus usuários. A partir do processamento desses dados, essas empresas conseguem ofertar serviços personalizados, manter o público cada vez mais presente em suas plataformas e ampliar seus lucros, mediante processos de *microtargeting*, ou seja, venda de anúncios customizados. Sistemas de georreferenciamento, agenda, entretenimento, monitoramento de exercícios físicos e ferramentas para educação online são alguns dos diversos aplicativos que coletam dados que enriquecem as bases de dados dessas empresas. Muitos desses serviços são disponibilizados de forma gratuita e utilizados pelos usuários, de forma acrítica e sem reflexão, nas atividades e rotinas pessoais, favorecendo o seu aprisionamento aos sistemas e aplicativos desenvolvidos por essas empresas.

Para Shapiro e Varian, quando aprisionado a um sistema ou aplicativo, dificilmente um usuário muda para outro. Ainda, ao descreverem os diferentes tipos de aprisionamento, os autores afirmam que o cliente é a norma na economia da informação, pois suas informações são estocadas, manipuladas e comunicadas por meio de um sistema[90] de cujo *modus operandi* ele não tem conhecimento algum.

---

[90] Shapiro, Carl; Varian, Hal. *A economia da informação*: como os

Como consequência, a prática do aprisionamento abriu campo para o monopólio tecnológico. Ainda no século XIX, estudando o desenvolvimento do capitalismo naquela época, Lênin afirmou que, uma vez constituído esse tipo de monopólio, as empresas penetram de maneira absolutamente inevitável em todos os aspectos da vida social, com o poder de controlar milhões de pessoas independentemente do regime político e de qualquer outra particularidade.[91]

O monopólio com base nas TIC permite uma rápida concentração de sua principal matéria-prima, os dados pessoais. É possível afirmar que na economia informacional a concentração de dados pessoais é a principal matéria para que as empresas produzam seus produtos e serviços em uma velocidade jamais vista em momentos anteriores da evolução tecnológica.

A ambição por dados pessoais por parte das *big techs* indica que esse é o grande combustível para a expansão dos negócios. Com o crescimento e a expansão fundamentados em uma centralização capitalista nos dados, essas empresas de tecnologia criaram e desenvolveram modelos de negócios que buscam incessantemente novas formas de extração de dados. A Alphabet Inc., por exemplo, foi originalmente fundada como uma empresa de mecanismo de busca em 1988 com o nome Google Inc. e historicamente, desde sua criação, rastreia oportunidades de novas aquisições que ampliem sua capacidade de coleta de dados. Em 2015, a empresa criou uma *holding* chamada Alphabet e desde então, além de controlar o Google, vem diversificando seus negócios muito além dos mecanismos de pesquisa. A Alphabet se tornou um dos maiores

---

princípios econômicos se aplicam à era da internet. Rio de Janeiro: Campus, 1999. p. 139.
[91] Lênin, Vladimir Ilitch. *O imperialismo: fase superior do capitalismo.* Tradução Leila Prado. 4. ed. São Paulo: Centauro, 2008. p. 57.

conglomerados de tecnologia do mundo, com uma capitalização de mercado de 1,4 trilhão de dólares em fevereiro de 2021.[92] O quadro a seguir apresenta algumas aquisições realizadas pela *holding*.

Empresa	Tipo de negócio	Descrição
Nest	Produtos para casa inteligente	O Google adquiriu a Nest e desde então a fundiu com a divisão Home para criar o Google Nest, que oferece uma variedade de produtos domésticos inteligentes, incluindo sistemas de alarme de segurança, câmeras de segurança, roteadores Wi-fi e dispositivos de assistência doméstica.
Double Click	Soluções de gerenciamento e veiculação de anúncios	O Google então adquiriu a DoubleClick em 2008 a fim de reforçar os recursos de análise e segmentação de anúncios de seus clientes.
Looker	*Software* de *business intelligence* e análise de dados	A solução da *Looker* pode ajudar o Google Cloud na sua capacidade de analisar dados, fornecer business intelligence e criar aplicativos baseados em dados.
Waze	Aplicativo de navegação móvel	Com mais de 100 milhões de usuários ativos, o Waze tem conseguido monetizar com a venda de serviços de publicidade para empresas, incluindo anúncios que alertam os motoristas quando eles estão perto das empresas participantes.
Fitbit	Dispositivos e aplicativos de fitness (vestível)	O Google adquiriu a Fitbit em janeiro de 2021, acrescentando-o à sua linha de dispositivos vestíveis após a aquisição da tecnologia de smartwatch Timex em 2019.

---

[92] Investopedia. Disponível em: https://www.investopedia.com/investing/companies-owned-by-google. Acesso em: 10 mar. 2021.

Srnicek observa que a natureza expansionista das grandes plataformas que operavam em áreas completamente diferentes estabelece uma tensão na extração competitiva de dados. A Google, uma empresa que nasceu de seu mecanismo de busca, agora compete com o Facebook, um site de rede social, e todos competem com a Amazon, que antes era apenas uma empresa de comércio eletrônico. O autor aponta a tendência dessa monopolização ocorrer em todo o espectro das principais plataformas estadunidenses, mas alerta que essa mesma estratégia vem sendo praticada por empresas não ocidentais como Alibaba e Tencent.[93]

Voltando no tempo, ao analisar as características particulares do capitalismo, Lênin apontava, já no século XIX, como, diante da possibilidade de imensa concentração de capital, o capitalismo se transformaria de tal forma que surgiriam grupos de poderosas empresas que iriam além dos limites de fronteiras nacionais, até se tornarem monopólios gigantescos que submeteriam suas condições a ramos inteiros de produção em escala mundial.[94] Para ele, a etapa anterior à formação desses conglomerados seria a fusão entre o capital bancário e o capital industrial, que daria lugar ao que ele denominou de capital financeiro, que caracteriza a fase imperialista do capitalismo. Suas previsões estavam certas e surge então um novo sistema mundial capitalista monopolista que espalha seus interesses econômicos, políticos e culturais globalmente.[95]

---

[93] Srnicek, Nick. "The Challenges of Platform Capitalism". *Juncture*, v. 23, p. 254-257, 2017. p. 256.
[94] Lênin. *O imperialismo, op. cit.*, p. 17.
[95] *Ibidem*, p. 88.

4.1. COLONIALISMO DIGITAL E IMPERIALISMO DE PLATAFORMA

O colonialismo digital consiste na prática de aprisionamento tecnológico no ecossistema digital de dispositivos eletrônicos, protocolos de rede, linguagens de máquina e programação. Esse ecossistema é a via que permite a internet realizar a comunicação, a transferência e o processamento de dados pessoais, sistemas e serviços.

Ao analisar a obra de Lênin, é possível fazer um paralelo ao monopólio das *big techs*, que atualmente influenciam os padrões tecnológicos e de serviços sobre outros povos. Ainda, é possível avaliar esses processos pelas noções do imperialismo, de crescimento rápido das relações de poder assimétricas, sobretudo dos Estados Unidos sobre os países não ocidentais no século XXI.

Essa relação de poder das plataformas estadunidenses é observada por Morozov. Para ele, o poder geopolítico de tais plataformas compromete os interesses internacionais, sobretudo dos países europeus. O autor considera o caso europeu deprimente, pois com raras exceções, como Skype e Spotify, não há equivalências regionais para Facebook, Google ou Amazon. Em contrapartida, para Morozov, as empresas de tecnologias russas e chinesas têm cada vez mais se fortalecido, tanto internamente como exteriormente, ao contrário de países como o Brasil e tantos outros da América Latina, onde a situação ainda é bem pior.[96]

Nesse contexto, uma nova forma de colonização empresarial está ocorrendo, segundo o sociólogo Michael Kwet. Ao contrário da conquista de terras, as grandes empresas estão a colonizar a tecnologia digital. Sistemas operacionais de computadores pessoais e *smartphones*, ferramentas de buscas, suítes de escritório,

---

[96] Morozov, E. *Big tech: a ascensão dos dados e a morte da política*. São Paulo: Ubu, 2018. p. 15.

navegadores, plataformas de redes sociais, mapas, transportes e *streaming* de vídeo são aplicativos e funções dominados por empresas multinacionais estadunidenses.[97]

Semelhante à arquitetura técnica do colonialismo clássico, a nova forma de dominação está enraizada no design do ecossistema de tecnologia com fins lucrativos, o colonialismo digital. Assim, grandes empresas de tecnologia expandiram seus produtos e serviços em todo o mundo extraindo dados e lucros de usuários, enquanto concentram poder e recursos em um único país, os Estados Unidos.[98]

Esse colonialismo de dados tem permitido ao capitalismo exercer seu regime de poder, que pode ser comparado às experiências de colonialidade fundadas na ideia de desenvolvimento e que determina padrões econômicos, políticos, morais e epistemológicos, elaboradas por Anibal Quijano (1992). Ele foi intensificado na década de 1990, principalmente, com a popularização dos computadores pessoais, da internet e da telefonia celular. Nesse período, surge o núcleo responsável em expandir o colonialismo digital pelo mundo, o Vale do Silício.

Sede das principais empresas que possuem a custódia das maiores bases de dados pessoais do mundo, o Vale do Silício, situado na Califórnia (EUA), foi viabilizado graças ao intenso financiamento público de pesquisa e infraestrutura do governo estadunidense[99]

---

[97] Kwet, Michael. "Digital Colonialism: US Empire and the New Imperialism in the Global South". *Race & Class*, v. 60, n. 4, p. 6, 2019.

[98] Hicks, Jacqueline. "Digital Colonialism': Why Some Countries Want to Take Control of Their People's Data from Big Tech". *The Conversation*, 26 set. 2019. Disponível em: https://theconversation.com/digital-colonialism-why-some-countries-want-to-take-control-of-their-peoples-data-from-big-tech-123048. Acesso em. 29 mar. 2021.

[99] Smymaios, Nikos. "The Privatisation of the Internet". In: *Internet Oligopoly: The Corporate Takeover of Our Digital World*. Bingley: Emerald, 2018. p. 38, 41.

desde a Segunda Guerra Mundial, quando empregou vultosos investimentos em tecnologia. Reconhecido pelo desenvolvimento de tecnologias de ponta, esse polo industrial ostenta por combinar tanto o espírito da pesquisa científica, em particular na engenharia e ciência da computação, quanto o marketing e os princípios do empreendedorismo estadunidense. Esta região recebeu diversas políticas de incentivo do governo americano e várias indústrias ali surgiram. Durante a segunda guerra mundial, o governo empregou grande parte de seus investimentos em tecnologia, inclusive na região onde hoje fica o Vale do Silício.

Lá está localizada, por exemplo, a Microsoft, que já praticava sua estratégia de aprisionamento e colonialismo digital nos anos 1990 por meio de seu sistema operacional Windows e sua suíte de escritório Office.

Em seu artigo "Digital colonialism: the evolution of American empire",[100] Michael Kwet define colonialismo digital como o "uso da tecnologia digital para a dominação política, econômica e social de outra nação ou território" e considera que essa nova forma de dominação se coloca como uma ameaça de longo alcance para o Sul Global, tal como o colonialismo clássico foi nos séculos anteriores.

Couldry e Mejias, assim como Kwet, consideram que as formas históricas do colonialismo estão refletidas, em sua essência, nos métodos contemporâneos de colonialismo, porém esse novo método desenvolvido no século XXI utiliza essencialmente a quantificação abstrata da computação, sendo denominado por eles de colonialismo de dados.[101]

---

[100] Kwet, Michael. "Digital Colonialism: The Evolution of American Empire. *Roar*, 3 mar. 2021. Disponível em https://roarmag.org/essays/digital-colonialism-the-evolution-of-american-empire. Acesso em: 6 mar. 2021.
[101] Couldry, Nick; Mejias, Ulises. "Data Colonialism: Rethinking Big Data's Relation to the Contemporary Subject". *Television and New Me-*

Os autores investigam o desenvolvimento da dataficação mediante as lentes conceituais do colonialismo e apontam que tal forma de poder não envolve um único polo de poder colonial, mas pelo menos dois: os Estados Unidos e a China.

O colonialismo digital permite ao colonialismo de dados extrair, de forma sem precedentes, dados pessoais em escala global. Para tal, as grandes empresas da tecnologia desenvolvem ambientes voltados para o capital, isto é, criam ambientes de interações sociais prontos para converter nossas vidas em fontes de renda por meio dos dados, o que sugere uma nova forma de exploração, apropriação e dinâmicas de discriminação e desigualdade.[102]

É nesse contexto que surgem as plataformas, como descreve Srnicek, concebidas como mecanismos que permitem a extração e utilização de dados criando meios de conexões digitais para anunciantes, empresas e usuários. Ao prover infraestrutura e a intermediação entre diferentes grupos, as plataformas se colocam em uma posição na qual podem monitorar e extrair todas as interações entre esses grupos.

Para o autor, essas plataformas corroboraram para o surgimento de grandes empresas monopolistas e estão em cinco tipos emergentes no capitalismo de plataformas: de publicidade, de nuvem, industriais, de produtos e enxutas.

As plataformas de nuvem consolidaram as plataformas como um modelo de negócios poderoso e único.[103] Elas disponibilizam a empresas uma infraestrutura virtual de computadores, servido-

---

dia, v. 20, n. 4, p. 336-349, 2 set. 2018. p. 336.

[102] Souza, Joyce; Mejias, Ulises. "O movimento das tecnologias não alinhadas contra o colonialismo de dados". *Jacobin Brasil*, 8 dez. 2020. Disponível em: https://jacobin.com.br/2020/12/o-movimento-das--tecnologias-nao-alinhadas-contra-o-colonialismo-de-dados. Acesso em: 28 mar. 2021.

[103] Srnicek, Nick. *Platform Capitalism*. Cambridge: Polity Press, 2016. p. 37.

res, sistemas de inteligência de negócios e aprendizado de máquina (*machine learning*). Google, Amazon, Microsoft e Alibaba já se destacam nesse modelo de negócio, em que o principal objetivo é incentivar empresas a externalizarem seus sistemas, dados e negócios para essas infraestruturas em nuvem.

As plataformas de nuvem buscam oferecer recursos para atender as necessidades de infraestrutura computacional para empresas, alugando serviços de alta tecnologia em computação em nuvem sob demanda. Esse modelo já se tornou um padrão de fato para empresas quando o assunto é desenvolver, armazenar e hospedar sistemas na Internet.

Os três principais modelos de serviços de computação em nuvem são:

Modelo de serviço em nuvem (Cloud)	Descrição	Exemplos
IaaS (Infraestrutura como serviço)	Um provedor fornece uma infraestrutura de servidores, rede e armazenamento em nuvem.	Servidores e sistemas de armazenamentos virtuais. Ex.: servidores de arquivos, servidores de aplicação, recursos de rede, entre outros.
PaaS (Plataforma como serviço	Uma camada mais técnica por meio da qual um provedor oferece um ambiente em nuvem no qual desenvolvedores de softwares podem fornecer suas aplicações.	Plataforma para desenvolvimento de aplicativos. Ex.: Docker e Heroku.
SaaS (Software como serviço)	Nesta camada, estão as aplicações em que os usuários frequentemente interagem.	Dropbox, Office 365, serviços de e-mail, CRM, entre outras aplicações.

Fonte: próprio autor.

Diversos autores também pesquisam o fenômeno das plataformas digitais. Van Dijck, Poell e Waal definem plataforma como uma arquitetura programável projetada para realizar interações entre usuários em que a lógica é realmente moldar a maneira como eles vivem e são organizados.[104] Já Jin associa o que ele define de imperialismo de plataforma às novas formas (neo)imperiais, tais como as tecnologias digitais são criadas e implementadas.[105]

4.2. A NECESSIDADE (NEO)IMPERIAL DE COLONIZAÇÃO DE TODAS AS CAMADAS DA INTERNET

A partir da Cúpula Mundial da Sociedade da Informação de 2005, a internet passa a ser analisada para além de suas questões técnicas. O evento reuniu atores como governos, entidades empresariais e sociedade civil para discutir os aspectos técnicos, políticos e sociais da rede mundial de computadores. Naquele momento, surge o termo "governança da Internet", que utiliza o conceito de comunicação em rede, desenvolvido pelo professor de direito Yochai Benker, com base na ideia de três camadas: infraestrutura, protocolos de comunicação e um conjunto de plataformas de serviços e aplicações.[106]

Segundo a publicação *Cadernos CGI.br*, "Uma introdução à governança da Internet", publicada pelo Comitê Gestor da internet do Brasil em 2016,[107] as questões técnicas que viabilizam o

---

[104] Van Dijck, J.; Poell, T.; Waal, M. de. *The Platform Society*. Nova York: Oxford University Press, 2018.

[105] Jin, Dal Yong. *Digital Platforms, Imperialism and Political Culture*. Londres: Routledge, 2015. p. 22.

[106] Benker, Yochai. "From Consumers to Users: Shifting the Deeper Structures of Regulation Toward Sustainable Commons and User Access". *Federal Communications Law Journal*, v. 52, n. 3, artigo 9, 2000. Disponível em: https://www.repository.law.indiana.edu/fclj/vol52/iss3/9. Acesso em: 10 mar. 2021.

[107] Kurbalija, Jovan. *Uma introdução à governança da internet* [livro

funcionamento da internet estão alinhadas às divisões propostas por Benker e basicamente podem ser agrupadas em três camadas:

1) Infraestrutura das telecomunicações. Todos os equipamentos e meios de acesso que permitem às tecnologias de comunicação se interconectarem mundialmente. Ex.: satélites, cabos metálicos e de fibra óptica, roteadores, antenas de radiofrequência, entre outras tecnologias.

2) Padrões e serviços técnicos da internet. Protocolos de comunicação e serviços que compõem a infraestrutura de funcionamento da internet.

3) Padrões de conteúdos e aplicativos. Ex.: linguagens de programação e padrões que permitem que conteúdos multimídia sejam acessados remotamente (HTML, XML, entre outros).

As tecnologias organizadas em camadas que compõem a arquitetura da internet são chamadas de conjunto de protocolos TCP/IP, ou simplesmente modelo TCP/IP. A base técnica e padronização desse conjunto constituem uma atividade da Internet Engineering Tasf Force (IETF), organização internacional sem fins lucrativos.

O quadro a seguir apresenta um comparativo entre as camadas do modelo apresentado por Yochai Benkler e o modelo TCP/IP.

Camada	Modelo TCP/IP	Governança da internet
4	Aplicação	Conteúdo
3	Transporte	Lógica
2	Internet (Inter-redes)	Lógica
1	Acesso a rede (Host/Rede)	Infraestrutura

Fonte: próprio autor.

eletrônico]. Tradução Carolina Carvalho]. São Paulo: Comitê Gestor da Internet no Brasil, 2016.

Em cada uma dessas camadas, é travada uma batalha para a extração de dados e metadados que possam ser utilizados como diferenciais competitivos na economia informacional. Como consequência dessa concorrência, as *big techs* têm marcado presença em todas as camadas da internet, colonizando-as cada vez mais para disputar cada bit de dado pessoal possível. Dessa forma, a internet caminha para ser completamente colonizada, em todas as suas camadas e infraestruturas. Retomando Lênin, é possível fazer um paralelo sobre a atual colonização quando o autor salienta que a posse de colônias é a única forma que garante completamente o êxito do monopólio na disputa acirrada com os adversários. Ele conclui que, quanto mais desenvolvido está o capitalismo, quanto mais escassa estiver a matéria-prima (em nossa análise, os dados pessoais) em todo o mundo, tanto mais encarniçada é a luta pela aquisição de colônias.[108]

As principais vias da internet estão interligadas em uma infraestrutura de cabos ópticos transoceânicos que garantem a comunicação entre continentes e países. Esses cabos, por muitos anos, eram praticamente instalados e gerenciados por empresas de telecomunicações. Entretanto, no Brasil, o Google e o Facebook já instalaram cabos ópticos na faixa litorânea dos estados mais estratégicos do país. O Facebook possui infraestrutura de dados no Rio de Janeiro e Praia Grande/SP, enquanto o Google, em Fortaleza, Santos e Rio de Janeiro. A China, por sua vez, não possui em seu território cabos óticos das grandes plataformas estadunidenses.

Todo o tráfego de dados gerados por um usuário é transferido para o ponto de presença (POP) de seu provedor de acesso à internet. Os pontos de presença da internet ficam localizados

---

[108] Lênin. *O imperialismo, op. cit.*, p. 81.

em lugares estratégicos com a função de melhorar ainda mais a capacidade de acesso e distribuição de conteúdo pela rede. De acordo com o site Google Edge Network,[109] a empresa está em mais de 90 pontos de internet e em mais de 100 instalações de interconexão em todo o mundo.

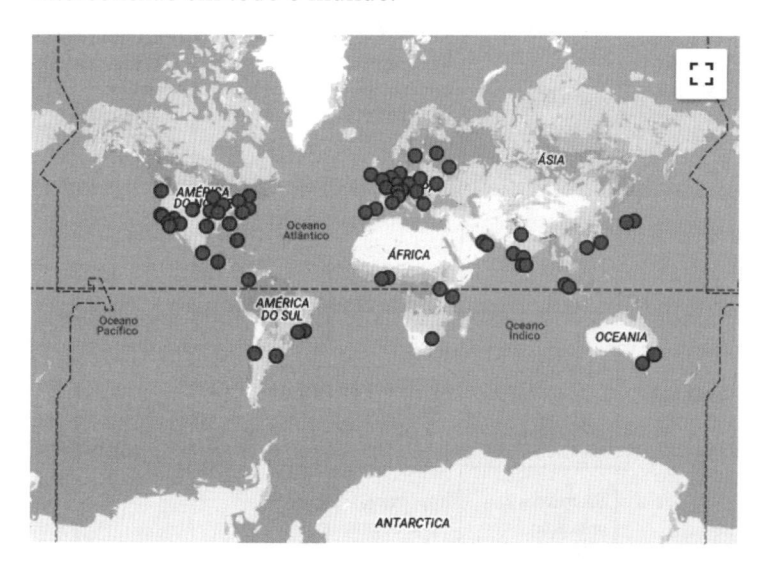

Distribuição dos pontos de presença da internet do Google

Outra importante camada da internet que nesse momento vem sendo colonizada pelas *big techs* é a aquela responsável em prover acesso à internet aos usuários. Ainda limitado ao território estadunidense, o Google Fiber é um produto da Alphabet Inc. que oferece internet a usuários residenciais. A Amazon, por meio de seu Projeto Kuiper, também já oferece o serviço residencial de acesso à internet via satélite a 400 Mbps. O serviço da Amazon planeja implantar 3.236 satélites para expandir o acesso global à

---

[109] Pontos de presença (PoP) do Google. Disponível em: https://peering.google.com/#/infrastructure. Acesso em: 12 mar. 2021.

internet. O quadro a seguir ilustra a penetração da Amazon, Google e Microsoft nas camadas de serviços e protocolos da internet.

Ecossistema da Internet

Camadas internet (Modelo TCP/IP)	Característica do protocolo ou serviço por camada da Internet	Exemplos de protocolos e aplicações por camada da Internet	Penetração dos modelos cloud computing nas camadas da Internet	Penetração das big techs nas camadas da Internet	
Camada Aplicação	Conteúdo	Arquivos, vídeos, áudios, dados	SaaS	Microsoft	Amazon Google
Camada Aplicação	Aplicações	Browser, players mídia, cliente de e-mail	PaaS	Microsoft	Amazon Google
Camada Aplicação	Protocolos aplicação	http, https, ftp, dns, smtp	IaaS	Microsoft	Amazon Google
Camada Transporte	Protocolos de transporte de dados	TCP, UDP	IaaS	Microsoft	Amazon Google
Camada Rede (Internet)	Protocolo de roteamento de pacotes de rede	IP	IaaS	Microsoft	Amazon Google
Camada Link de dados (enlace)	Rede física	Ethernet, wi-fi, fibra ótica	Rede física		Amazon Google

Fonte: próprio autor.

Como se vê pelo quadro, Amazon e Google vêm colonizando todas as camadas físicas e lógicas da internet com uma ampla gama de serviços que aumentam seus poderes de extração de dados de usuários conectados à internet. Com isso, essas empresas têm se tornado capazes de extrair dados que vão além do comportamento individual em suas plataformas e passam a observar todos os acessos e interações realizados por um usuário ou um grupo de usuários que estejam conectados a um plano residencial de internet.

4.3. CONCLUSÃO

A extração e o processamento massivo de dados pessoais oriundos de qualquer tipo de atividade digital que uma pessoa exerça têm concedido um poder, inimaginável no início do desenvolvimento da internet, a poucas corporações. Neste contexto, o colonialismo digital exerce seu poder através de equipamentos, sistemas e plataformas. Essa forma estrutural de poder digital concentra em um pequeno número de empresas todo o aparato necessário para a conectividade de internet do mundo, o que demonstra que a economia informacional caminha para o monopólio e o fortalecimento do imperialismo.

Os reflexos do colonialismo digital são de longo prazo e não se resumem apenas à dependência de sistemas, plataformas e provedores estadunidenses. No caso brasileiro, para que esse cenário não se aprofunde, é fundamental que o Estado promova políticas públicas em diversas frentes e de maneira consistente. No curto prazo, é preciso sensibilizar os usuários no que se refere aos reflexos da coleta de seus dados, bem como favorecer que utilizem sistemas e aplicativos com licenças livres e ferramentas que obstruam as estratégias de rastreamento online. Em médio e longo prazos, uma ação importante é garantir a formação em linguagens artificiais e tecnologias desde a educação básica. Também se deve desenvolver e implementar políticas de investimento em ciência e tecnologia, além de criar fundos de capital de risco.

5. COLONIALIDADE DIFUSA NO APRENDIZADO DE MÁQUINA: CAMADAS DE OPACIDADE ALGORÍTMICA NA IMAGENET

Tarcízio Silva

Doutorando em Ciências Humanas e Sociais na UFABC e mestre em Comunicação e Cultura Contemporâneas pela UFBA. Recipiente de Tech + Society Fellowship (2020-22) da Fundação Mozilla. Organizou a coletânea Comunidades, algoritmos e ativismos digitais: olhares afrodiaspóricos *(LiteraRUA, 2020).*

A geração rotineira e massiva de dados multimodais é causa e sintoma de grandes avanços técnicos no campo da inteligência artificial. Muitos pesquisadores e desenvolvedores consideram a evolução das bases massivas de fotografias e imagens um caso paradigmático de como a explosão na escala de dados disponíveis possibilitou avanços que eram impensáveis ou apenas hipotéticos ou teóricos antes da apropriação imensa de milhões ou bilhões de unidades de conteúdo. São textos, imagens, indicadores comportamentais e métricas de todo tipo produzidas continuamente por usuários da web e mídias sociais.

Neste capítulo, evidencio como as dinâmicas de produção global de recursos em visão computacional são moldadas por hierarquias de dominação epistêmica e econômica entre os polos tecnológicos do Norte Global em relação ao Sul Global. A visão computacional é uma área de crescente relevância para a ordenação das visualidades e seus impactos na cultura midiática e na vigilância, sobretudo depois das inovações em redes neurais baseadas em bancos gigantescos de imagens criados a partir da produção e circulação online de imagens.

A computação visual tem avançado nos últimos cinquenta anos para campos variados como automação e prototipação industrial, georreferenciamento ou cinema. É o termo guarda-chuva para aplicações multidisciplinares que buscam a integração de computação gráfica com técnicas de manipulação de imagens e simulação de propriedades da percepção visual humana,[110] incluindo a tentativa de descobrir com velocidade e precisão as camadas icônicas ou simbólicas do representado em fotografias, ilustrações ou esquemas visuais.

Especificamente, tentar compreender plenamente visualidades do mundo real e natural para além de ambientes controlados em modelos fechados foi considerado um desafio particular do subcampo chamado de "visão computacional". Entender fotografias e desenhos representativos de atividades humanas e, para além, editar ou reproduzir automaticamente essas imagens de forma crível faz parte de atividades em demanda crescente no século XXI. Tal necessidade se deve em grande medida à disseminação dos negócios da internet, em particular entretenimento, gestão e indexação da web em buscadores e as plataformas de mídias sociais.

Entretanto, o sucesso comercial e a profusão de implementações desse tipo de tecnologia em plataformas de mídias sociais, mecanismos de gestão de dados, segurança pública e reconhecimento facial são acompanhados também de riscos aos direitos humanos ligados à reprodução de práticas coloniais de apagamento, classificação e dominação. Para entender como

---

[110] Gross, Markus. *Visual Computing: The Integration of Computer Graphics, Visual Perception and Imaging*. Berlim: Springer-Verlag, 1994.

etapas de viabilização do uso global de visão computacional se calcam em dinâmicas de colonialidade material e epistêmica, percorreremos quatro camadas de construção e legitimação da ImageNet, banco aberto de dados visuais para treinamento de sistemas de visão computacional considerado peça-chave na história do aprendizado de máquina.

5.1. ORDENAÇÃO, COLONIALIDADE E OPACIDADE ALGORÍTMICA

Fundamentalmente, a naturalização da ordenação algorítmica do mundo tem como uma das questões essenciais a opacidade de seu funcionamento. De forma paradoxal, a profusão de dados, festejada por muitos como uma revolução positiva das últimas décadas, acabou por beneficiar de forma diferencial grandes grupos empresariais apoiados pelo capital financeiro. Negócios globais de tecnologia são impulsionados financeiramente por anos gerando aparente prejuízo, mas com o objetivo de se posicionarem como intermediários indispensáveis entre consumidores – e assim projetar a coleta de dados de longo termo. O jurista Frank Pasquale argumenta que seria particularmente paradoxal, na atual era, o fato de que os dados são cada vez mais abundantes em algum nível para todos – mas as informações mais relevantes e valiosas são acessíveis apenas aos que acessam todo o poder de coleta e processamento computacional.[111]

Uma sociedade da caixa-preta, que oculta de maneiras cada vez mais tecnológicas, complexas e difusas as delegações de poder e dominação, argumento central de Pasquale, guarda, entretanto, similaridades em certa medida com pilares da colo-

---

[111] Pasquale, Frank. *The Black Box Society.* Cambridge (EUA): Harvard University Press, 2015.

nialidade elaborados por teóricos do tema. Bernardino-Costa e Grosfoguel[112] explicam que o colonialismo, a partir do século XVI, não só gestou a distribuição e ordenação de um novo sistema-mundo distinto entre conquistadores e conquistados em prol de uma construção conceitual da própria "Europa", como também a modernidade em si e as enunciações decorrentes sobre controle do trabalho, Estado e produção do conhecimento. Em especial, essa ordenação foi solidificada com o apoio de certas modalidades de conhecimento e de gestão do mundo pelo trabalho classificatório exaustivo promovido por construções teológicas e científicas a serviço da exploração de territórios e sujeitos coloniais. Tal conhecimento é legitimado também pelo apagamento sistemático de outras abordagens epistemológicas provenientes de regiões e povos subalternizados.

Como centro, a construção da ideia de raça foi imposta "como pilar da divisão mundial de trabalho e de migração e na classificação social e geocultural da população mundial"[113] [114] legitimando distintas fases e modalidades de exploração tanto de populações sequestradas para escravização entre o Atlântico quanto arranjos extrativos por todo o Sul Global. A reprodução das relações de distribuição de poder se traduz também na legitimação do que é considerado globalmente conhecimento ou artefatos culturais preserváveis, como são circulados e as direções escópicas da classificação e da vigilância. Para Quijano, a colonialidade se torna então gradativamente e de forma cambiante "pedra angular do referido padrão de poder e opera em

---

[112] Bernardino-Costa, Joaze; Grosfoguel, Ramón. "Decolonialidade e perspectiva negra". *Sociedade e Estado*, Brasília, v. 31, n.1, 2016.
[113] Tradução livre do original: "imponer la idea de 'raza' en la base de la división mundial de trabajo y de intercambio y en la clasificación social y geocultural de la población mundial".
[114] Quijano, Aníbal. "¡Que tal raza!". *Ecuador Debate*, n. 48, p. 149, 1999.

cada um dos planos, meios e dimensões, materiais e subjetivos, da existência social quotidiana e da escala societal".[115]

As noções contemporâneas das trajetórias desejáveis da evolução tecnológica promovidas pelas grandes empresas do Norte Global são realizadas por meio de uma racionalidade centrada em dados que busca impor uma percepção de neutralidade ao que é efetivamente expressão da colonialidade do poder.[116] Em especial nos EUA, resulta na definição de objetivos estratégicos de curto e longo prazo entre mercado e Estado, assim como quais efeitos colaterais para as sociedades, direitos humanos e meio ambiente são tolerados – ou ainda desejáveis. Ruha Benjamin nos convoca a centrar a questão sobre o "lado subjacente do desenvolvimento tecnocientífico – *quem e o que é fixado no mesmo lugar* – classificado, encurralado e/ou coagido, para permitir a inovação".[117]

5.2. CAMADAS OPACAS DE COLONIALIDADE NAS BASES DE DADOS

A abordagem conexionista na inteligência artificial no século XXI foi fruto parcial da medida da abundância de dados do mundo real gerados em ambientes online ou digitalizados e compartilhados na internet.[118] Desde a década de 1990, com

---

[115] Quijano, Aníbal. Colonialidade do poder e classificação social. In: Santos, Boaventura de Sousa; Meneses, Maria Paula (Org.). *Epistemologias do Sul*. Coimbra: Edições Almedina, 2009. p.73.
[116] Ricaurte, Paola. "Data Epistemologies, Coloniality of Power, and Resistance". *Television & New Media*, v. 20, n. 4, 2019.
[117] Benjamin, Ruha. Retomando nosso fôlego: estudos de ciência e tecnologia, teoria racial crítica e a imaginação carcerária. In: Silva, Tarcízio (Org.). *Comunidades, algoritmos e ativismos digitais*: olhares afrodiaspóricos. São Paulo: LiteraRUA, 2020. p. 18.
[118] Cardon, Dominique; Cointet, Jean-Philippe; Mazieres, Antoine. "Neurons spike back. The invention of inductive machines and the

explosão em tamanho, velocidade e atualidade graças aos ambientes colaborativos de modelos de negócio posteriormente apelidados de *web 2.0* ou mídias sociais, os bancos de dados disponíveis aos pesquisadores de inteligência artificial mudaram possibilidades e regras do jogo.

Foi o caso da base de imagens apelidada de ImageNet, idealizada em 2006 pela pesquisadora Fei-Fei Li, então membra do departamento de computação da Universidade de Illinois em Urbana-Champaign, nos Estados Unidos. O reconhecimento de objetos em imagens sofria de um problema muito acentuado: as bases de treinamento dos sistemas eram localizadas e pequenas, úteis apenas para tarefas simples muito específicas. Por exemplo, treinar um sistema com 15 fotos de postes e 15 fotos de semáforos para uma tarefa simples como identificar se há um semáforo na imagem era pouco útil no mundo real, devido à infinita variedade de ângulos, iluminação, distância, foco, ruído de fundo, design, textura e escala dos objetos em questão – entre inúmeras variáveis visuais possíveis. Criar bases de imagens com muitas categorias de objetos e muitos exemplos em cada categoria era uma tarefa ainda fora de cogitação.

Tais dificuldades foram adereçadas pela publicação, em 2009,[119] da ImageNet como uma base de imagens etiquetadas com 3,2 milhões de imagens com classes e objetos identificados por meio de uma ontologia classificatória de cerca de 5,2 mil categorias ao todo. As categorias foram, por sua vez, inspiradas na hierarquia de classes e conceitos, chamados de *synsets*, da WordNet, uma base de dados léxica aperfeiçoada desde a década de

---

artificial intelligence controversy". *Réseaux*, v. 36, n. 211, 2018.
[119] Deng, Jia et al. "ImageNet: A large-scale hierarchical image database". *2009 IEEE Conference on Computer Vision and Pattern Recognition*, Miami, FL, USA, 2009.

1980, com relações semânticas entre mais de uma centena de milhares de conceitos. A WordNet foi criada com o objetivo de mapear as relações conceituais na língua, estabelecendo um padrão de referência para estudos na linguística e outros campos.

Através da disponibilização do *dataset*, inédito em sua combinação de acesso livre, escala, qualidade das imagens, granularidade da categorização, vinculação a um sistema léxico já existente e expansão contínua, a ImageNet fez história no campo ao se tornar um *benchmark* de referência sobre o qual centenas de cientistas de prestigiadas universidades e *big techs* se debruçaram. O ImageNet Large Scale Visual Recognition Challenge (ILSVRC) foi um desafio realizado entre 2010 e 2017 em conferências globais de computação visual. A cada ano, centenas de cientistas buscaram apresentar índices melhores de reconhecimento dos objetos presentes no *dataset*, com o uso de aplicações inventivas da inteligência artificial a desafios propostos em cada edição.[120]

Em especial, o campo de aprendizado profundo (*deep learning*) foi marcado pelo desafio ILSVRC de 2012. Alex Krizhevsky e colaboradores propuseram uma solução de redes neurais para melhorar os índices de erros na identificação de imagens, superando de forma acentuada as abordagens de então. As evoluções na diminuição de taxa de erros eram ligeiramente incrementais. A melhor taxa de erros no momento era de 27,03% seguida de 27,18% e 27,68%. Krizhevsky e colaboradores conseguiram um salto com o modelo de aprendizado profundo, chegando a então impressionantes 17% de taxa de erro. Pouco depois, ele e os sócios venderam sua *startup* para a Google, onde trabalharam por anos.

---

[120] Russakovskky, Olga et al. "ImageNet Large Scale Visual Recognition Challenge". *International Journal of Computer Vision*, v. 115, p. 211-252, 2015.

O caso é considerado paradigmático não só na visão computacional, mas na história da inteligência artificial como um todo. A iniciativa heterodoxa balançou os padrões dos métodos considerados efetivos na inteligência artificial, avançando a normalização de modelos extremamente complexos que fogem à explicabilidade humana, fortalecendo a troca do controle granular dos sistemas em prol de literalmente centenas de milhões de parâmetros treinados pelos próprios algoritmos de aprendizado profundo.

A ImageNet é uma base de dados paradigmática que nos auxilia na compressão de incidências da colonialidade no campo do aprendizado de máquina no século XXI. Em um mercado trilionário competitivo e em busca constante por alcançar escala global em aplicações e circulação comercial, camadas sucessivas de decisões e procedimentos privilegiaram compreensão limitada da diversidade do mundo irmanada com impactos diferenciais sobre classe, raça e território. Explorarei algumas dessas camadas nas seções a seguir.

5.2.1. Origem dos dados

A primeira versão da ImageNet, em 2009, foi composta de 3,2 milhões de arquivos de imagens anotadas até chegar a 14,1 milhões organizadas em 21 mil conceitos (*synsets*) em 2020. Para compor o banco de imagens para treinamento, as criadoras da ImageNet utilizaram a coleta automatizada de arquivos por meio de buscadores, preenchendo a base com imagens resultantes de termos de buscas ligados às palavras relacionadas a cada conceito na lista de categorias de referência. Entretanto, a tática geral de busca e as especificidades na prática lembram da impossibilidade inerente a modelos universalistas que busque, como Fei-Fei Li, objetivos como "mapear completamente os objetos do mundo",[121] visão enunciada explicitamente sobre a base de imagens.

Em sua primeira versão, para promover a diversidade visual, parte dos termos de busca em inglês para coletar as imagens foi replicada também em seus equivalentes em chinês, espanhol, holandês e italiano. A seleção arbitrária por conveniência dessas línguas não corresponde às mais faladas em torno do mundo. Línguas como hindi, árabe, bengalês, panjabi ocidental e o português brasileiro, por exemplo, são mais faladas que holandês ou italiano e não foram representadas.

A pretensão por uma universalidade esbarra também em outras variáveis com incidência na ordenação das imagens disponíveis em buscadores. Em primeiro lugar, as próprias desigualdades digitais em vários níveis significam – e de forma mais intensa em 2009 – distintas representações das culturas visuais na internet além da língua, como incidências de origem, classe, raça, gênero[122] e outras. Ainda é preciso levar em consideração que o modo pelo qual serviços como Google ou Bing indexam e entregam as imagens é repleto de vieses fruto não só das variáveis mencionadas anteriormente, como também da adequação técnica dos conteúdos aos objetivos de negócio dos buscadores.

Levantamento sobre a Open Images e a ImageNet mediu em quais países foram produzidas as imagens que continham registro de localização. As imagens na Open Images provinham dos Estados Unidos (32,1%), Reino Unido (12,9%), França (4,3%),

---

[121] Gershgorn, Dave. "The Data that Transformed AI Research — and Possibly the World". *Quartz*, 26 jun. 2017. Disponível em https://qz.com/1034972/the-data-that-changed-the-direction-of-ai-research-and-possibly-the-world/. Acesso em: 2 mar. 2021.

[122] Noble, Safiya Umoja. "Google Search: Hyper-visibility as a Means of Rendering Black Women and Girls Invisible". *InVisible Culture*, n. 19, s.p., 2013.

Espanha (4,1%) e Canadá (3,7%). Por sua vez, a ImageNet esteve ainda mais concentrada: Estados Unidos (45,4%), Reino Unido (7,6%), Itália (6,2%), Canadá (3%) e Austrália (2,8%).

Modelos treinados nessas duas bases de dados, portanto, entenderiam o mundo apenas até os limites das representações inclusas nas culturas ocidentais em questão, com inclinação às origens mais presentes. O mesmo levantamento também analisou as bases qualitativamente, mediante a aplicação de modelos treinados sobre tais dados para tentar analisar fotos com algumas categorias globais ligadas a profissões ou cerimônias, tais como "vestido de noivo", "policial" ou "feirante". Consistentemente, resultou em altas taxas de erros em imagens reais de culturas etíopes ou paquistanesas em comparação com fotos provenientes dos EUA ou Austrália.[123]

Apontando que a realidade das práticas de construção de arquivos é marcada pela história do colonialismo e, "assim como os arquivos materiais, os digitais são definidos tanto pelos objetos inclusos neles quanto pelos que não estão" presentes, Roopika Risam[124] enfoca as incidências da colonialidade nas disponibilidades, restrições ou ausências dos ambientes e repositórios online. Se o caráter aberto da ImageNet possibilita custosas investigações sobre seus problemas, o mesmo não é verdade para muitas outras bases respeitadas no mercado e

---

[123] Shankar, Shreya et al. "No Classification without Representation: Assessing Geodiversity Issues in Open Data Sets for the Developing World". *arXiv*, 2017. Disponível em: https://arxiv.org/pdf/1711.08536.pdf. Acesso em: 29 jul. 2021.

[124] Risam Roopika. *New Digital Worlds: Postcolonial Digital Humanities in Theory, Praxis and Pedagogy*. Illinois: Northwestern University Press, 2019. p. 48. Tradução livre do original: "Like material archives, digital ones are defined as much by the objects within them as by those that are not".

pesquisa em aprendizado de máquina. A JFT-300M, da Google, é um exemplo de base construída pela gigante da tecnologia, citada em premiados artigos acadêmicos e novos modelos, mas "inescrutável e opera no escuro, ao ponto de que não há sequer explicação oficial do que o termo JFT-300M significa".[125] [126]

5.2.2. Trabalho de classificação

O trabalho de construção de modelos de inteligência artificial e sistemas algorítmicos para automatização de tarefas e decisões é distribuído internacionalmente, ainda que boa parte do esforço seja apagado em prol de narrativas da engenhosidade emergente ou inovadora de desenvolvedores em conglomerados empresariais das *big techs*. Para vender ideias de novos negócios escaláveis, idealizadores de *startups* e ferramentas no Norte Global frequentemente escondem que usam trabalho terceirizado do Sul Global para fazer sistemas funcionarem[127].

Um caso particularmente vulgar foi noticiado sobre a startup Kiwi Campus, que supostamente usava pequenos robôs autônomos sobre rodas para entregar burritos e lanches em *campi* universitários nos EUA. Considerada uma aplicação engenhosa e de sucesso de visão computacional, a autonomia dos robôs estava muito longe do que a empresa dava a entender: trabalhadores remotos na Colômbia davam instruções aos robôs a cada

---

[125] Prabhu, Vinay; Birhane, Abeba. "Large Datasets: a Pyrrhic Win for Computer Vision?". *arXiv*, 24 jul. 2020. p. 5.

[126] Tradução livre do original: "inscrutable and operates in the dark, to the extent that there has not even been official communication as to what JFT-300M means".

[127] Ver mais sobre trabalho distribuído no Sul Global no Cap. 3, de autoria de Débora Machado, nesta obra.

5 a 10 segundos[128] – recebendo um salário que corresponde a uma pequena fração de um trabalhador estadunidense.

Com escala global e muito mais elaborados, sistemas de trabalho distribuído chamados de *crowdsourcing* são utilizados por empresas de tecnologia para treinar bases de dados. No campo de microtarefas para inteligência artificial, a Amazon tem em seu Mechanical Turk o líder de mercado que se tornou sinédoque desse tipo de serviço, com concorrentes como CrowdFlower e Taskrabbit.

No caso da ImageNet e outras bases treinadas de forma distribuída, serviços como a Mechanical Turk são utilizados para pagar milhares de trabalhadores em torno do mundo para que classifiquem as imagens com as categorias definidas, identifiquem quais objetos e conceitos estão presentes nas imagens ou, em casos mais afinados, marquem retângulos ou delineiem as bordas de cada elemento observado no espaço visual da imagem. Sem vínculo empregatício, os prestadores de serviço de "microtarefas" etiquetam dezenas de imagens por minuto e recebem valor irrisório se comparado aos padrões trabalhistas dos países de origem das tecnologias. Utilizando expedientes como gamificação ou discurso neoliberal sobre empreendedorismo e gestão de si, as plataformas de microtarefas distribuídas não só evadem relações trabalhistas, como também realizam a inserção da gramática do trabalho datificado no cotidiano.[129]

---

[128] Grant, Conor. "Human-guided burrito bots raise questions about the future of robo-delivery". *The Hustle*, 3. jun. 2019. Disponível em: https://thehustle.co/kiwibots-autonomous-food-delivery/. Acesso em: 01. fev. 2021.

[129] Grohmann, Rafael. "Plataformização do trabalho: entre a datificação, a financeirização e a racionalidade neoliberal". *Revista Eptic*, v. 22, n. 1, p. 106-122, 2020.

A própria distribuição internacional do trabalho e a possibilidade de terceirização de tarefas repetitivas vistas como menores e menos valiosas são fruto de um acúmulo de desigualdade econômica global ligado ao colonialismo e imperialismo[130]. Ao alimentar modelos construídos em polos tecnológicos no Norte Global, o trabalho de treinamento de sistemas de inteligência artificial realizado no Sul Global e nas periferias das cidades globais fortalece a capacidade de reprodução opaca das desigualdades no campo tecnológico. Estudos com trabalhadores do Sul Global em plataformas como Amazon Mechanical Turk mediram como os inscritos não compreendem plenamente o impacto e valor de seu trabalho na criação das soluções tecnológicas ou sequer se sentem parte do processo da evolução da inteligência artificial.[131] O excedente estratégico de força de trabalho qualificado no Sul Global é condição que viabiliza às *big techs* o acesso barato a recursos humanos de um modo que gera valor para as empresas, mas não cria as condições necessárias à emergência de concorrência no mercado global de inovação tecnológica.

5.2.3. Sistemas classificatórios

Como pudemos ver nas sessões anteriores, tanto noções de neutralidade na atribuição de categorias a elementos visuais quanto pretensões de universalidade caem por terra com investigações culturalmente sensíveis. Os problemas podem ser especialmente graves quando se trata de categorias aplicadas a

---

[130] Ver abordagem sobre imperialismo no Cap. 4, de autoria de Rodolfo Avelino, nesta obra.
[131] Moreschi, Bruno; Pereira, Gabriel; Cozman, Fabio G. "The Brazilian Workers in Amazon Mechanical Turk: Dreams and realities of ghost workers". *Contracampo*, v. 39, n. 1, 2020.

fotos de pessoas. Kate Crawford e Trevor Paglen[132] argumentam que, na construção de grandes bases de imagens, "tudo é planificado e pinado com uma etiqueta, como borboletas de taxidermia em um mostrador. Os resultados podem ser problemáticos, ilógicos e cruéis".[133]

O projeto Excavating AI foi uma iniciativa intelectual e artística para estudar as políticas das imagens nas bases de treinamento para aprendizado de máquina, como a ImageNet, resultando em mostras interativas. A exposição presencial e online *Image-Net Roulette* incluía sistemas de visão computacional que, a partir das etiquetas presentes nas imagens da base de dados, tentavam categorizar o visitante sobre gênero, atividade e profissão. A frequente arbitrariedade chocou visitantes e usuários ao descobrirem como as fotos de sua face têm identidades e performatividades mutiladas pela bruteza das etiquetas[134] de uma base de dados que inclui marcações como "kleptomaniac" ("cleptomaníaco/a") ligada a uma foto de banhista, "hermaphrodite" ("hermafrodita") a uma foto da atriz Sigourney Weaver[135] e uma disparidade acentuada de gênero quanto à presença de conteúdo considerado sexualmente explícito.[136]

Servem à colonialidade a exterioridade e o controle da circulação de marcas definidoras e organizadoras da população

---

[132] Crawford, Kate; Paglen, Trevon. *Excavating AI: The Politics of Images in Machine Learning Training Sets*, website, 2019. Disponível em: https://www.excavating.ai/. Acesso em: 3 jan. 2021.

[133] Tradução livre do original: "Everything is flattened out and pinned to a label, like taxidermy butterflies in a display case. The results can be problematic, illogical, and cruel, especially when it comes to labels applied to people".

[134] Alzugaray, Paula. "Performatividade calculada". *Revista Select*, ano 9, n. 48, set/out/nov 2020.

[135] Crawford; Paglen. *Excavating AI, op. cit.*

[136] Prabhu; Birhane. "Large Datasets", *op. cit.*

mundial em termos de trabalho, raça e gênero. A distribuição dos indivíduos "nas relações de poder tem, consequentemente, o caráter de processos de classificação, desclassificação e reclassificação social"[137] e categorias em bases como a ImageNet fazem parte de linhagens de gestão do mundo que planificam e achatam pela cosmovisão desterritorialista[138] e exclusivista eurocristã.[139] O binarismo de gênero, distribuído mundialmente pela violência colonial,[140] é ironicamente uma distinção sobre as quais os sistemas de visão computacional são sobrevalorizados pela precisão de diferenciar as etiquetas "homem" e "mulher", sempre presentes nos bancos de treinamento de imagens. Com base em Maria Lugones, que afirma que a lógica classificatória colonial historicamente selecionou somente o grupo dominante composto de homens e mulheres cisgênero e heterossexuais para legitimação na história e cultura hegemônica,[141] podemos ligar tal acúmulo de representações às fragilidades da visão computacional na compreensão interseccional da diversidade humana[142] ou quanto às identidades trans em tecnologias de reconhecimento facial.[143]

---

[137] Quijano. "Colonialidade do poder e classificação social", *op. cit.*, p. 102.
[138] Ver mais no Cap. 10, de autoria de Marcelo Faria, nesta obra.
[139] Santos, Antonio Bispo dos. *Colonização, quilombos: modos e significações*. Brasília: INCTI/UnB, 2015.
[140] Oyěwùmí, Oyèrónké. "Conceituando o gênero: os fundamentos eurocêntricos dos conceitos feministas e o desafio das epistemologias africanas". *CODESRIA Gender Series*, v. 1, 2004.
[141] Lugones, María. "Colonialidad y género". *Tabula Rasa*, n. 9, 2008.
[142] Buolamwini, Joy; Gebru, Timnit. "Gender Shades: Intersectional Accuracy Disparities in Commercial Gender Classification". In: *Conference on Fairness, Accountability and Transparency*. Nova York: PMLR, 2018.
[143] Silva, Mariah Rafaela; Varon, Joana. "Reconhecimento facial no setor público e identidades trans: tecnopolíticas de controle e ameaça à diversidade de gênero em suas interseccionalidades de raça, classe e território", *Coding Rights*, 2021.

5.2.4. Custos ambientais

Por fim, entre outras camadas de opacidade que compõem o atual panorama de inteligência artificial baseada em gigantescas bases de treinamento, está o seu difuso impacto ambiental. Tal manifestação faz parte do processo de reconfiguração da colonialidade do poder observada por Quijano na última década. Em especial, o que o autor descreve como "a manipulação e controle dos recursos tecnológicos de comunicação e de transporte para a imposição global da tecnocratização / instrumentalização da colonialidade / modernidade"[144] ligada também a outros fatores como exacerbação da exploração da natureza, reprivatização do espaço público, hiperfetichização do mercado e mercantilização das subjetividades dos indivíduos. Um tema crítico em debate é entender os limites do custo-benefício envolvidos em pequenos incrementos na precisão de inteligência artificial que geram muitos custos energéticos e emissão de poluição.

A irracionalidade da obsolescência programada de dispositivos como central à evolução tecnológica é o alvo principal de críticas sobre o impacto nocivo da digitalização de recursos e subjetividades. Citando a poeta Toni Cade Bambara ao afirmar que "Nem toda velocidade é movimento", Ruha Benjamin questiona como a ideologia da inovação enquadrada como disruptiva ou epitomizada em jargões como "mova rápido e quebre coisas" representa a primazia do capital em detrimento de relações sociais ou econômicas qualificadas como descartáveis. Para Benjamin, a plataformização do trabalho em prol de escala e barateamento "falha em [não] levar em conta os custos

---

[144] Quijano, Aníbal. "'Bem viver': entre o 'desenvolvimento' e a 'des/colonialidade' do poder". *Revista da Faculdade de Direito da UFG*, v. 37, n. 1, 2013. p. 51.

sociais de uma tecnologia na qual formas globais de racismo, casta, classe, sexo e exploração de gênero são os porcas e parafusos do desenvolvimento".[145]

Em relação ao impacto percebido das tecnologias com materialidades físicas inquestionáveis, ou hardwares – como notebooks e smartphones –, o impacto ambiental de modelos computacionais de IA e aprendizado de máquina é relativamente subnotificado e estudado, na avaliação de Spelda e Stritecky. Os autores jogam luz especificamente sobre o aspecto competitivo de modelos de "estado da arte" que servem como referência de performance – a exemplo da competição em torno de incrementos marginais de precisão sobre *datasets* como a ImageNet. O aumento das demandas computacionais para processamento e treinamento de modelos "continuam dependentes de inteligência artificial e aprendizado de máquina ambientalmente nocivos (inefetivos), [portanto] a dimensão epistêmica da tecnoesfera vai provavelmente exacerbar os perigos do Antropoceno, que deteriora o Sistema Terra".[146]

As implicações políticas sobre o impacto ambiental do aprendizado de máquina estão em disputa seguindo em controvérsias corporativas que abalam o próprio campo de Ética na inteligência artificial. Foi o caso de artigo coautorado por Timnit Gebru e Margareth Mitchell, lideranças do time de pesquisa em ética e

---

[145] Benjamin, Ruha. *Race after Technology: Abolitionist Tools for the New Jim Code*. Medford: Polity Press, 2019. p. 38. Tradução livre do original: "fails to account for the social costs of a technology in which global forms of racism, caste, class, sex, and gender exploration are the nuts and bolts of development".

[146] Spelda, Petr; Stritecky, Vit. "The Future of Human-artificial Intelligence Nexus and Its Environmental Costs". *Futures*, v. 117, 2020. p. 5. Tradução livre do original: "remains dependent on environmentally harmful (ineffective) ML/AI, the techno-sphere's epistemic dimension will likely exacerbate the perils of Anthropocene, which deteriorate the Earth System".

impactos sociais da Google. Intitulado "On the Dangers of Stochastic Parrots: Can Language Models Be Too Big?",[147] o artigo foi o pivô de suas conturbadas demissões, levadas a público pelas pesquisadoras devido ao processo hostil a que foram vítimas na empresa.[148] O trabalho estuda grandes modelos computacionais de linguagem que tentam replicar a linguagem humana, mas com impactos negativos sobre a sociedade, o meio ambiente e o próprio futuro da inteligência artificial, na avaliação das autoras. A referência a um "papagaio estocástico" no título tenta descrever como tais modelos que produzem textos automaticamente dão a impressão de linguagem elaborada a incautos permitindo que as *big techs* os supervalorizem nas redes de capital financeiro.

Entre os problemas apontados, as autoras identificam como principais os custos ambientais e financeiros envolvidos no direcionamento competitivo de produção de modelos de "estado da arte". As autoras defendem que cientistas "priorizem eficiência de custos e gastos energéticos para reduzir impacto ambiental e acesso desigual a recursos – ambos fatores que desproporcionalmente afetam pessoas que já estão em posições marginalizadas.[149]

---

[147] Bender, Emily; Gebrum, Timnit; McMillan-Major, Angelina; Mitchell, Margaret. "On the Dangers of Stochastic Parrots: Can Language Models Be Too Big?". *FAccT '21*, 03-10 mar. 2021.

[148] A polêmica gerou onda de ativismo e solidariedade de parte do campo. A campanha #ISupportTimnit reúne mais de 7 mil assinaturas de profissionais da Google, pesquisadores e ativistas de todo o mundo. Ver: https://googlewalkout.medium.com/standing-with-dr-timnit-gebru-isupporttimnit-believeblackwomen-6dadc300d382

[149] Bender et al. "On the Dangers of Stochastic Parrots", *op. cit.*, p. 4. Tradução livre do original: "prioritize energy efficiency and cost to reduce negative environmental impact and inequitable access to resources — both of which disproportionately affect people who are already in marginalized positions".

5.3. POR BASES DE DADOS COM DIMENSÕES HUMANAS

O aprendizado de máquina baseado no processamento de bases gigantescas de dados se afilia a dinâmicas da colonialidade em dois aspectos incontornáveis se desejamos tratar e enfrentar impactos negativos de tecnologias digitais emergentes baseadas em inteligência artificial. O primeiro deles é a hierarquização de um desejo – necessariamente inalcançável – de compreensão operacional e controle do mundo por meio da sintetização dos materiais físicos naturais assim como das culturas. Resistências aos projetos coloniais consideram inconciliáveis os seguintes pares "pensamento monista desterritorializado x pensamento plurista territorializado; elaboração e estruturação vertical x elaboração e estruturação circular; colonização x contra colonização; desenvolvimento x biointeração",[150] apontando que modelos de evolução tecnológica da IA calcados em bases extrativas de larga escala são manifestações de colonialidade do poder e do ser.

As ideias de inovação tecnológica levadas a frente pelas *big techs* sublinham a convergência entre a reprodução da colonialidade de forma difusa e opaca em inúmeras etapas cumulativas de definição de padrões globais que favorecem a manutenção do extrativismo e exploração. As quatro variáveis que exploramos representam apenas pequenas partes das estruturas dispostas nas relações globais da produção de tecnologia que retroalimentam os fluxos de poder em construção por séculos. Para combater a colonialidade na tecnologia, concordo com Birhane e Prabhu quando afirmam que necessitamos de uma ética radical que "desafie tradições profundamente incrustadas

---

[150] Santos. *Colonização, quilombos, op. cit.*, p. 91.

[e] precisa ser incentivada e recompensada para trazer uma mudança na cultura de forma a centrar justiça e bem-estar das comunidades desproporcionalmente impactadas.[151] Algumas das opções radicais estão de certa forma representadas em propostas que buscam repensar criação e gestão das bases de dados de treinamento.

Mimi Onuoha[152] explora o que chamou de *missing datasets* ("bases de dados ausentes") como um caminho de questionamento em quatro reflexões elucidadoras: reconhecer que quem tem os recursos para coletar os dados frequentemente não tem o incentivo para coletá-los, uma vez que tal coleta e eventual equivalência de dados de contextos subalternos põem em xeque as próprias hierarquias; que há dados que não resistem a quantificações e categorizações simples, ao achatamento típico do olhar colonial; que algumas tarefas de coleta de dados geram custos e impactos salientes do que seu próprio benefício; e por fim que há vantagens na não existência de alguns dados. A advocacia de desenvolvedoras por pesquisa em inteligência artificial que permita tempo e recursos para considerar "impactos ambientais, realizar curadoria e documentação cuidadosa, engajar atores relevantes desde o início do processo de design e explorar múltiplos caminhos possíveis em direção aos objetivos de longo prazo"[153] é in-

---

[151] Prabhu; Birhane. "Large Datasets", *op. cit.*, p. 10. Tradução livre do original: "challenge deeply ingrained traditions need to be incentivised and rewarded in order to bring about a shift in culture that centres justice and the welfare of disproportionately impacted communities".

[152] Onuoha, Mimi. On Missing Datasets. In: *International Workshop on ObFusCation*, Nova York, 7-8 abril de 2017. p. 38-40.

[153] Bender et al. "On the Dangers of Stochastic Parrots", *op. cit.*, p. 10. Tradução livre do original: "for considering environmental impacts, for doing careful data curation and documentation, for engaging with stakeholders early in the design process, for exploring multiple possible paths towards longterm goals".

compatível com a plataformização e colonialidade na tecnologia global nos desenhos valorizados hoje pelas *big techs*.

Tais propostas consideram essencial o trabalho curadorial e crítico sobre os dados e informações privilegiando a reflexão sobre impactos e potenciais. Postas em prática, entretanto, inviabilizariam os modelos de crescimento das abordagens conexionistas atuais da inteligência artificial – e por isso podem ser consideradas aliadas de abordagens descoloniais.

Há horizontes alternativos e perscrutar a miríade de relações, decisões e delegações incorporadas em bases de dados de treinamento pode nos apontar caminhos descoloniais pela primazia das dimensões humanas da evolução da inteligência artificial. De um lado um sentido humanista, no qual o bem-viver[154] e a biointeração sustentável são vistos como prioridades; e de outro o sentido da escala humana das bases por meio da qual a agência humana não se perde em prol de métricas neoliberais de sucesso.

---

[154] Quijano, Aníbal. "Des/colonialidad del poder: el horizonte alternativo". *Estudios Latinoamericanos*, n. 25, 2010

PARTE II

DOMINAÇÃO E MODULAÇÃO ALGORÍTMICA DE SEGMENTOS DA VIDA SOCIAL

6. INTELIGÊNCIA ARTIFICIAL, ALGORITMOS PREDITIVOS E O AVANÇO DO COLONIALISMO DE DADOS NA SAÚDE PÚBLICA BRASILEIRA

Joyce Souza

Jornalista e cientista social. Doutoranda em Ciências Humanas e Sociais na Universidade Federal do ABC. Pesquisadora do Laboratório de Tecnologias Livres (LabLivre/UFABC). Coprodutora do Podcast Tecnopolítica. Membra do Movimento das Tecnologias Não Alinhadas (NATM).

A convergência de grandes volumes de dados, denominados de *big data*, com a inteligência artificial tem sido amplamente debatida e aplicada no setor da saúde. Isso passou a ocorrer, principalmente, a partir do início dos anos 2000,[155] quando limitações em suas aplicações passaram a ser superadas pelo avanço exponencial das capacidades do aprendizado de máquina (*machine learning*) e do aprendizado profundo (*deep learning*).

Com o aprendizado de máquina – caracterizado por computadores que utilizam a combinação de *big data* e algoritmos para organizar dados, reconhecer padrões e aprender sem serem explicitamente programados para tal – e o aprendizado profundo – que por meio de algoritmos complexos cria uma rede neural artificial capaz de fazer previsões e tomar decisões –, a IA passou a ser apli-

---

[155] Kaul, Vivek; Enslin, Sarah; Gross, Seth. A. "History of Artificial Intelligence in Medicine". *Gastrointestinal Endoscopy*, Rochester, Nova York, USA, v. 92, n. 4, 18 jun. 2020. p. 807.

cada nas mais diversas práticas da medicina, a saber, no atendimento a distância, no monitoramento de doenças, no auxílio em diagnósticos, em cirurgias com uso de robôs e assistentes virtuais, no avanço de tratamentos e descobertas de doenças, no fluxo de trabalhos de clínicas, hospitais e laboratórios, entre outros. Nesse sentido, entre os impactos positivos que a IA tem propiciado à área da saúde, pesquisadores e especialistas destacam: ampliação do alcance dos atendimentos em locais onde os serviços de saúde não são acessíveis; diagnósticos e tratamentos mais precisos e com menor risco de erros em emergências que exijam soluções rápidas; acompanhamento e assistência ininterruptos a pacientes com doenças epidêmicas e infecciosas; monitoramento constante de pacientes com doenças graves; ampliação na capacidade de análises de dados na área da saúde; redução de custos e auxílio na demanda por profissionais de saúde qualificados.[156]

Para que a IA se desenvolvesse e chegasse ao patamar em que se encontra no setor da saúde, bem como para que continue em constante evolução, foi e é fundamental que haja uma coleta constante e massiva de todas as informações possíveis sobre doenças, sintomas, históricos de saúde de pacientes, características pessoais, como idade, sexo, históricos familiares, dados genômicos, entre outras informações.

São esses dados que alimentam o *big data* para que sistemas algorítmicos engendrados nas estruturas de IA operem. É possível descrever diferentes tipos de algoritmos que têm sido aplicados, como os exatos, que codificam a melhor solução para um problema ou aquela que melhor se aproxima da solução al-

---

[156] Kasapoglu, Aytul. "Sociology of Artificial Intelligence: A Relational Sociological Investigation in the Field of Health". Turkey. *Rep Glob Health Res*, v. 3, n. 112, [s.p.], jan. 2020.

mejada;[157] os determinísticos, que apresentam comportamento e resultados previsíveis e não probabilísticos;[158] e os preditivos, que baseados em dados coletados no passado realizam análises estatísticas para prever o futuro.[159]

Com efeito, é possível dizer que o "uso crescente dos algoritmos acompanha a intensa digitalização da nossa comunicação, dos nossos arquivos e das nossas expressões simbólicas. Também expressa a grande automação das atividades produtivas".[160] Esse processo ocorre de forma contraditória. Ao mesmo tempo que há demandas pela digitalização de processos e fluxos visando atender determinados pleitos, como expansão dos serviços de saúde, agilidade em análises e redução de custos, empresas do ramo de tecnologia criam constantemente ambientes voltados à quantificação social[161] em que, por meio da interação social, ocorrem as extrações de dados para que novas tecnologias digitais sejam criadas e sistemas algorítmicos sejam aprimorados.

Nesse sentido, quanto mais dados estiverem disponíveis aos algoritmos de IA destinados ao setor da saúde, mais informações poderão ser processadas e novas resultantes extraídas. Por isso, corporações da área de tecnologia desenvolvem constantemente aplicativos e dispositivos com sensores, ao mesmo tempo que

---

[157] Vazirani, Vijay. *Approximation Algorithms*. 1. ed. Nova York: Springer, 2001.
[158] Motwani, R.; Raghavan, P. *Randomized Algorithms*. Nova York: Cambridge University Press, 1995.
[159] Kelleher, J.; Namee, B. M.; D'Arcy, A. *Fundamentals of Machine Learning for Predictive Analytics*. Massachusetts: MIT Press, 2015.
[160] Silveira, Sergio Amadeu da. *Democracia e os códigos invisíveis*. São Paulo: Edições Sesc, 2019. Edição do Kindle, posição 144-149. (Coleção Democracia Digital).
[161] Couldry, Nick; Mejias, Ulisses A. *The Costs of Connections*: How Data Is Colonizing Human Life and Appropriating it for Capitalism. California: Stanford University Press, 2019a. p. XIII-XIV.

ampliam o discurso de que o ser humano precisa se autorrastrear para manter a própria saúde.[162] Por exemplo, uma pessoa pode adquirir um Apple Watch ou um Samsung Watch pelos mais variados motivos, inclusive, pelo motivo original pelo qual um relógio é criado, a saber, ver a hora. Porém, a Apple e a Samsung desenvolveram sensores em seus dispositivos que, interligados a um aplicativo de saúde instalado em seus smartphones, registram e apresentam dados relacionados à saúde de uma pessoa, como atividades físicas realizadas, quantidades de calorias gastas, monitoramento de batimento cardíaco, quantidade de passos dados no dia, quanto tempo a pessoa ficou sem se movimentar, se ela dormiu bem ou não, se ela está concentrada, se ela precisa respirar melhor, devido à detecção de uma respiração mais ofegante, entre outros. Inclusive, esses relógios são comercializados por essas corporações com propagandas como "controle da saúde e bem-estar no seu pulso" ou "monitoramento mais avançado de saúde", no caso da Samsung;[163] e por "um futuro mais saudável no seu pulso", no caso da Apple.[164]

Essas são apenas pequenas amostras de como a IA é desenvolvida para a coleta de dados de saúde. Muitos dos mecanismos criados funcionam como ferramentas de rastreamento e de (auto)vigilância para o desenvolvimento de *big data* e de mecanismos para personalização de bases de dados.

A partir dessas coletas, os sistemas algorítmicos realizam uma mineração de dados e criam *clusters* (aglomerados), *links* e árvores de previsões e decisões. Nesse sentido, é importante frisar que, apesar de serem executados por máquinas, os sistemas algorítmicos foram desenvolvidos e programados por seres

---

[162] Couldry; Mejias. *The Costs of Connections*, op. cit., p. 169.
[163] Samsung. *All Watches website*.
[164] Apple. *Watch website*.

humanos, de modo que suas funções não devem ser tratadas como meramente tecnológicas,[165] isto é, como se houvesse neutralidade em seu funcionamento. Portanto, os "artefatos podem ter propriedades políticas",[166] econômicas e sociais. Preconceitos humanos e valores estão embutidos em cada passo do desenvolvimento dessas tecnologias e, por isso, a informatização acrítica pode conduzir ao aprofundamento de desigualdades e de processos discriminatórios.[167]

No setor da saúde, uma pessoa pode ter seu dado classificado como alto custo médico ou probabilidade alta a doenças graves e só descobrir isso quando algum serviço ou produto lhe for negado, como um seguro saúde ou de vida, um crédito ou financiamento ou uma vaga de trabalho. Essas classificações ocorrem sem que a pessoa ao menos saiba de onde elas se originam, quais são os mecanismos de coletas de dados utilizados, se os dados foram coletados em distintas plataformas e serviços, incluindo aqueles com os quais a pessoa sequer imagina que tenha relação, como compras em supermercado.[168]

Quanto mais opacos forem esses processos de classificação, tanto maior serão a discriminação e a desigualdade. No caso de um processo judicial visando à contestação e revisão das classificações impostas a um indivíduo, poderão ser necessários

---

[165] Gillespie, Tarleton. *The Relevance of Algorithms*. Media technologies: essays on communication, materiality, and society. Massachusetts: MIT Press, 2014.
[166] Winner, Langdon. *Artifacts Can Contain Political Properties*. Chicago: University of Chicago Press, 1986. p. 22.
[167] Pasquale, Frank. *The Black Box Society*. Londres: Harvard University Press, 2015.
[168] Hammett. "Tesco Uses Clubcard Data to Help People Eat More Healthily". *Marketing Week*, 15 Oct. 2018. Disponível em: https://www.marketingweek.com/tesco-clubcard-data-to-help-people-eat-healthier/. Acesso em: 10 fev. 2021.

inúmeros passos, de sorte que a capacidade de arcar com esses custos dependerá, como sempre, de uma distribuição preexistente (provavelmente desigual) de recursos para contratação de profissionais e pagamentos de custas judiciais.[169]

Essa modalidade de coleta de dados que utiliza a intersecção entre diferentes plataformas digitais para alimentar sistemas algorítmicos apresenta, também, riscos à liberdade individual e ampliam as formas cada vez mais personalizadas de controle e gerenciamento, impulsionadas por imperativos que, exceto por aquele pequeno grupo de pessoas que atuam na área ou estão familiarizadas com a situação, são desconhecidos pela maioria da população e, portanto, incontroláveis.[170]

A coleta massiva e contínua de dados na área da saúde tem como origem diversos segmentos: hospitais, clínicas, laboratórios, planos de saúde, registros de compras em farmácias, aplicativos médicos móveis, sensores de monitoramento de atividades físicas e do sono, mecanismos de buscadores de pesquisas, interações em redes sociais, entre outros. Toda essa coleta é comumente justificada pelos benefícios sociais que ela envolve, principalmente, nos aspectos relacionados à prevenção e nos âmbitos dos trabalhos da medicina baseada em análises de evidências e da medicina "personalizada".[171]

Esse processo de datificação e mineração dos dados de saúde, visto apenas sob o viés positivo, está baseado em suposições ideológicas pautadas no dataísmo, que pressupõe que a coleta de dados ocorra fora de qualquer estrutura predefinida e que a análise desses dados é neutra e serve apenas para ampliação de conhecimentos, que serão revertidos em benefícios à socieda-

---

[169] Couldry; Mejias. *The Costs of Connections*, op. cit., p. 160.
[170] *Ibidem*, p. 176.
[171] Kasapoglu, Aytul, 2000, n.p.

de,[172] por exemplo, na descoberta de medicamentos e vacinas e na análise preditiva de futuras doenças.

No entanto, se é verdade que há benefícios, conforme citado anteriormente, nota-se adiante que esse rastreamento tem transformado esses dados na mercadoria do modelo de negócios de corporações e *startups* que atuam na área de tecnologia, seja desenvolvendo sistemas algorítmicos seja coletando e vendendo dados.

6.1. A COLONIZAÇÃO DOS DADOS NA SAÚDE

Esse modelo de extração de dados consiste em uma "tentativa sistemática de transformar todas as vidas humanas e relações em insumos para a geração de lucro. Chamamos essa condição de colonização por dados".[173]

A forma, intensidade, escala e contexto em que o colonialismo histórico se deu divergem do colonialismo de dados. Enquanto o primeiro anexou territórios, recursos e corpos, o colonialismo de dados opera em uma outra lógica: ao capturar e controlar a vida humana por meio da apropriação dos dados, extrai deles o lucro e faz isso sem que as pessoas sequer notem esse processo em curso.

Apesar das diferenças fundamentais entre essas duas perspectivas de colonialismo, a análise histórica de longo prazo do colonialismo, como "a expropriação de recursos e a normalização dessa expropriação de modo a gerar um novo combustível para o crescimento global do capitalismo",[174] pode apresentar direções

---

[172] Van Dijck, Jose. "Datafication, Dataism and Dataveillance: Big Data between Scientific Paradigm and Ideology". *Surveillance & Society*, v. 12, n. 2, 2014. p. 202.
[173] Couldry; Mejias. *The Costs of Connections, op. cit.*
[174] Couldry, Nick; Mejias, Ulisses A. "Making Data Colonialism Li-

importantes dos impactos que a extração de dados trará ao desenvolvimento e à expansão do capitalismo, como o aprofundamento da dependência dos territórios que não detêm o domínio e a infraestrutura de tecnologias digitais e os impactos à forma de desenvolvimento dos indivíduos, incluindo "a imposição à vida humana de uma nova visão de conhecimento e racionalidade adaptada à extração de dados (a visão do *Big Data*)".[175]

Nesse sentido, assim como o colonialismo histórico criou o combustível para a ascensão e o desenvolvimento do capitalismo industrial, configurando um processo de acumulação primitiva, o colonialismo de dados pode estar pavimentando um caminho para uma expansão sem precedentes do capitalismo: a capitalização total da vida humana. Em outras palavras, não haverá uma camada de experiência humana que não seja extraível para se obter valor econômico.

Se isso for verdade, a vida humana e todas as suas formas de manifestação estarão à disposição de processos de mineração em que corporações e países dominantes no âmbito das tecnologias digitais – cenário composto na atualidade, especialmente, por multinacionais oriundas da China e dos Estados Unidos – estejam aptos a extrair valor, expandir seus capitais e seus poderes sobre os demais.

Os contornos completos desse processo ainda são imprevisíveis, encontram-se em seu início. Os sistemas algorítmicos ainda estão engatinhando em relação ao potencial que apresentam. Porém, se consolidado a partir dos fundamentos que tem se desenvolvido até o presente momento, esse processo será a base para um novo arranjo social que aprofundará em níveis

---

veable: How Might Data's Social Order Be Regulated?". *Internet Policy Review*, v. 8, n. 2 2019. p. 4.
[175] Couldry; Mejias. *The Costs of Connections, op. cit.*, p. 4.

ainda não experimentados a desigualdade, o controle sobre os indivíduos e os corpos e a dependência de uma série de países no sistema mundial.

Por isso, classificar esse cenário e determinar o desenvolvimento do capitalismo contemporâneo como um *capitalismo de vigilância*[176] ou *capitalismo de plataforma*,[177] em vez de compreender a dimensão dessa dinâmica colocando-a dentro de uma perspectiva histórica, pode ser precipitado e não fornecer um ponto de partida adequado para uma crítica mais ampla.[178]

No âmbito da saúde, a importância e o mercado dos dados não são novos. Sistemas de classificação e estatística da população foram desenvolvidos de diversas maneiras no final do século XVIII e início do XIX na Europa, em especial na Alemanha, França e Inglaterra, visando, por meio dos dados, soluções para problemas de ordem sanitária, política e econômica, além de mecanismos de regulamentação dos processos da vida, por meio da gestão da saúde, da sexualidade, da natalidade, entre outros aspectos.[179]

Se as classificações de saúde já existiam e eram utilizadas como fonte de controle e poder, com o surgimento e o avanço - a partir das duas últimas décadas do século XX - de um conjunto de tecnologias da informação e comunicação até então inexistentes 180 , os dados de saúde passaram a ter ainda mais

---

[176] Zuboff, Shoshana. "Big Other: Surveillance Capitalism and the Prospects of an Information Civilization/". *Journal of Information Technology*, p. 75-89, 2015.
[177] Srnicek, Nick. *Platform Capitalism*. Nova York: John Wiley & Sons, 2017.
[178] Couldry; Mejias. "Making Data Colonialism Liveable", *op. cit.*, p. 11.
[179] Foucault, Michel. *Nascimento da biopolítica*. Lisboa: Edições 70, 2010.

importância, devido à possibilidade de análises preditivas feitas por sistemas algorítmicos.

Atualmente, a partir da execução diária de algoritmos preditivos com dados relacionados ao hábito de vida e às condições de saúde de uma pessoa, bem como de registros de características socioeconômicas e demográficas, já é possível prever e estimar o risco do desenvolvimento de determinadas doenças e expectativa de vida.[180]

Análises e mapeamento do genoma humano também já são realidades àqueles que podem pagar pelos altos custos desses exames. Ofertados por laboratórios particulares, os testes preveem desde a possibilidade de um paciente vir a desenvolver algum tipo de câncer hereditário, carências do organismo, sensibilidades alimentares e até determinados comportamentos.

Essas análises aplicadas a políticas públicas de saúde, voltadas ao acesso irrestrito de todos os cidadãos, poderiam auxiliar na ampliação de determinados programas do setor, visando aumentar a qualidade de vida e a taxa de longevidade da população, bem como melhorar a qualidade da informação e o preparo para atender a ocorrência de determinadas doenças.

Contudo, o colonialismo de dados implica que "o poder econômico (o poder de criar valor) e o poder cognitivo (o poder sobre o conhecimento) convergem como nunca antes",[181] de modo que os dados de saúde são extraídos como forma de exploração da vida humana cujo objetivo é o lucro, configurando uma tentativa de "conhecer, explorar e governar o mundo a

---

[180] Santos, Hellen; Nascimento, Carla; Izbicki, Rafael; Duarte, Yeda; Filho, Alexandre. "Machine learning para análises preditivas em saúde: exemplo de aplicação para predizer óbito em idosos de São Paulo, Brasil". *Caderno de Saúde Pública*, v. 35, n. 7, 2019.

[181] Couldry; Mejias. *The Costs of Connections*, op. cit., p. XII.

partir de centros de poder específicos".[182] Dessa forma, "a vida humana não está apenas anexada ao capitalismo, mas também fica sujeita ao monitoramento e a vigilância contínuos".[183]

Criar perfis de saúde para geração de valor e conhecimento tem se tornado um grande negócio. Corporações e *startups* do ramo de tecnologia e da saúde batalham ansiosas pela extração desses dados. Nos Estados Unidos, por exemplo, empresas estavam reunindo milhões de registros de receitas farmacêuticas e vendendo-as para as seguradoras responsáveis pela comercialização de planos de saúde. Com essas informações em posse, as seguradoras tinham "a opção de escolher a 'cereja saudável' em vez do 'limão doente' e ter muito mais lucro do que aquelas que aceitavam a todos".[184]

6.2. COLONIALISMO DE DADOS NA SAÚDE PÚBLICA BRASILEIRA

É possível dizer que o uso de sistemas de inteligência artificial no setor da saúde pública brasileira era pouco explorado até a chegada da pandemia do coronavírus (Covid-19).[185] A partir desse momento, há uma expansão de iniciativas pelos governos federal, estaduais e municipais na adoção de tecnologias de informação e comunicação e de sistemas algorítmicos, visando desde à ampliação no atendimento de consultas médicas até o

---

[182] *Ibidem*, p. XII.
[183] *Ibidem*, p. XIII.
[184] Pasquale. *The Black Box Society*, op. cit., p. 27.
[185] Lemes, Marcelle M.; Lemos, Amanda. "O uso da inteligência artificial na saúde pela Administração Pública brasileira". *Caderno Ibero-Americano de Derécho Sanitário*, v. 9, n. 3, jul./set. 2020.

desenvolvimento de plataformas digitais para monitoramento e acompanhamento de casos positivos para o coronavírus.[186]

No entanto, ao analisar os portais do Ministério da Saúde e das Secretarias de Saúde de estados e municípios, nota-se que não há informações consolidadas das iniciativas desenvolvidas, sem as quais não se pode ter uma perspectiva ampla, nem saber como essas iniciativas operam, como foram desenvolvidas, quem são os atores envolvidos e quais são as finalidades de cada uma.

O mesmo ocorre com os estudos que buscam mapear esse cenário. Nesse sentido, é preciso um trabalho de fôlego para levantar todas as iniciativas implementadas desde março de 2020 no Brasil e que utilizam IA na área da saúde pública.

Porém, apesar dessa lacuna, a análise de alguns exemplos dispersos dessas iniciativas permite verificar o surgimento e a forma com que operam empresas de tecnologia no âmbito da coleta, do processamento e do armazenamento de dados de saúde dos cidadãos brasileiros, criando um modelo de negócio "em que a expropriação do colonialismo de dados foi naturalizada"[187] e estendida ao setor público de saúde.

Um dos exemplos que exemplifica bem esse cenário é a aprovação, em 31 de março de 2020, do Projeto de Lei nº 696/20, que permite o uso de telemedicina durante a pandemia de coronavírus no Brasil. De acordo com o texto do projeto de lei, seu objetivo "é desafogar hospitais e centros de saúde com o atendimento de pacientes à distância, por meio de recursos tecnológicos, como as videoconferências".[188] Assim, o PL, apro-

---

[186] Souza, Joyce; Venturini, Jamila. *Tecnologias e Covid-19 no Brasil*: vigilância e desigualdade social na periferia do capitalismo. Rio de Janeiro. Heinrich Böll Stiftung, 23 jun. 2020.
[187] Couldry; Mejias. *The Costs of Connections, op. cit.*, p. XII.
[188] "Senado aprova uso da telemedicina durante pandemia de covid-19". *Agência Senado*, Brasília, 2020. Disponível em: https://www12.senado.leg.

vado como Lei nº 13.989, de 15 de abril de 2020, autorizou que a telemedicina fosse utilizada em quaisquer atividades da área de saúde, enquanto durasse a crise sanitária ocasionada pelo coronavírus, sinalizando que depois competirá ao Conselho Federal de Medicina (CFM) a regulamentação da telemedicina.

Ao analisar o texto da lei,[189] nota-se que não há qualquer menção ou recomendações para que os atendimentos realizados via telemedicina ocorram dentro de plataformas digitais seguras, isto é, plataformas que não realizem coleta, processamento e classificação de dados trocados entre médicos e pacientes e que garantam a segurança dessas informações para que não exista o risco de serem interceptadas ao longo de uma consulta. A única ressalva que o texto traz em relação à segurança digital ficou a cargo da obrigatoriedade do uso de certificado digital na assinatura eletrônica para receituários, o que permite a identificação, nesse caso, do médico, de forma inequívoca, atuando em substituição à assinatura de próprio punho e ao carimbo e com validade jurídica.

A decisão sobre como e qual meio digital utilizar para atender o paciente ficou a cargo dos hospitais, clínicas, laboratórios e profissionais da área médica, em especial, daqueles que atuam no setor privado. Observando a potencialidade desse cenário, empresas da área de tecnologia criaram plataformas exclusivas para essa demanda, visando atuar diretamente no colonialismo de dados na saúde.

---

br/noticias/materias/2020/03/31/senado-aprova-uso-da-telemedicina--durante-pandemia-de-covid-19. Acesso em: 15 fev. 2021.
[189] "Lei nº 13.989 de 15 de abril de 2020". *Diário Oficial da União*, Brasília, seção 1, p. 1. Disponível em: https://pesquisa.in.gov.br/imprensa/jsp/visualiza/index.jsp?jornal=515&pagina=1&data=16/04/2020&totalArquivos=95. Acesso em: 15 fev. 2021.

Uma das empresas que criou e disponibilizou uma plataforma digital para a telemedicina descreve, em seu portal, que sua plataforma é baseada em inteligência artificial e aprendizado de máquina. Para tal, a empresa conta com "uma base de dados com milhões de exames de imagem" que permitem a IA "reorganizar a fila do médico, fazendo uma triagem automática dos exames para que as urgências sejam diagnosticadas primeiro, além da capacidade de detectar achados médicos em nível sobre-humano".[190] Em relação à pesquisa e ao desenvolvimento da plataforma, a empresa diz que conta com as parceiras: Google (uma das líderes no desenvolvimento de inteligência artificial para a área da saúde no mundo[191]), as agências públicas brasileiras de fomento à pesquisa CNPq (federal) e Fapesp (estadual), a empresa pública brasileira de fomento à ciência, tecnologia e inovação Finep e o Pitch Gov.SP, programa do governo do estado de São Paulo para subsídios a empreendedores que desenvolvem "sistemas de inteligência artificial, robôs de atendimento, redes colaborativas".[192]

A plataforma digital também traz em seu site a informação de que, com a ajuda da Google, hoje está presente em centenas de cidades no Brasil e na África e que continua expandindo suas operações.[193]

---

[190] "Estado da arte em telediagnóstico". Portal Telemedicina, São Paulo, 2021. Disponível em: https://portaltelemedicina.com.br/solucoes/plataforma-de-laudos. Acesso em: 1 mar. 2021.

[191] Insider Intelligence. "Big Tech in Healthcare: Here's Who Wins and Loses as Alphabet, Amazon, Apple, and Microsoft Target Niche Sectors of Healthcare". *Business Insider*, 14 fev. 2021. Disponível em: https://www.businessinsider.com/2-14-2021-big-tech-in-healthcare-report. Acesso em: 1 mar. 2021.

[192] Pitch gov.sp. *O que é?* São Paulo, 2021. Disponível em: http://www.pitchgov.sp.gov.br/. Acesso em: 1 mar. 2021.

[193] Portal Telemedicina. *Quem somos nós*. São Paulo, 2021. Disponível em: https://portaltelemedicina.com.br/quem-somos. Acesso em: 1 mar. 2021.

A Google, por seu turno, atua como monopólio, fornecendo todos os dispositivos e serviços possíveis, seja diretamente em seu nome seja por meio de parcerias, como é o caso acima, para a máxima extração possível de dados. Nesse sentido, a "Google também atua como o que os economistas chamam de monopsônio, ou seja, o único comprador de todos os dados que nós produzimos".[194]

Os dados coletados e processados resultantes desse exemplo na telemedicina, servirão para alimentar a *big data* da Google. Seus efeitos reforçam a dinâmica de monopolização, pois, nesse ambiente de extração de dados, como forma de gerar valor e conhecimento, aqueles que têm a maior quantidade e qualidade de dados podem criar os melhores serviços de inteligência artificial e, assim, atrair cada vez mais usuários, ampliando a coleta de dados, numa lógica contínua de concentração do setor.

Esse contexto exemplifica a semelhança entre o colonialismo histórico e o colonialismo de dados. É possível fazer um paralelo entre a extração de matérias-primas pelos países coloniais e, posteriormente, por suas companhias mercantis, e a extração de dados por parte das *big techs*, multinacionais com sede nos países dominantes "que processam os dados e fabricam os serviços para o público global, que ainda fortalece sua dominação e coloca todos os outros em uma situação subordinada de dependência".[195]

Apontar esse cenário não significa afirmar que a telemedicina não seja importante. Ao contrário, é um avanço para a ampliação do atendimento e, por extensão, do acesso da população à saúde. Durante a pandemia, isso se tornou mais evidente, vis-

---

[194] Couldry; Mejias. *The Costs of Connections, op. cit.*, p. 43.
[195] Kwet, Michael. "Digital Colonialism: The evolution of US empire". *TNI's Future Lab series on Technology, Power and Emancipation*, 4 mar. 2021. p. 4.

to a sobrecarga na rede de saúde e a recomendação do isolamento e do distanciamento social como medidas preventivas contra a disseminação do coronavírus.

No entanto, para evitar que a telemedicina recaísse na lógica da extração de dados pelas *big techs*, o Ministério da Saúde poderia ter desenvolvido e disponibilizado uma plataforma 100% própria a todos os serviços de saúde prestados no país, fossem eles privados ou públicos. Isso incluiria desde o desenvolvimento da plataforma, que poderia ser feita em código aberto, com uma arquitetura e um design que considerasse as dimensões econômicas, sociais e jurídicas que a área exige e como determina a Lei Geral de Proteção de Dados Pessoais (LGPD), até a guarda e a anonimização dos dados transitados por ela.

No âmbito de estados e municípios, um dos exemplos que também elucida a extração de dados obtidos após o início da pandemia de Covid-19 no Brasil são as parcerias que alguns dos entes federativos, como Rio de Janeiro, São Paulo, Pernambuco, Santa Catarina, Amazonas, entre outros, realizaram com empresas privadas de telecomunicação e *startups* da área de tecnologia para identificar desde aglomerações e baixa taxa de isolamento até monitoramento e acompanhamento de casos positivos para o coronavírus. Entre estes, "Florianópolis adotou medidas mais extremas ao implementar um sistema que notifica moradores que vivem perto de pessoas infectadas com o coronavírus por meio de mensagens SMS para que tomem maiores precauções".[196]

Para que essas formas de monitoramento e controle fossem desenvolvidas, na maioria dos casos, prefeituras compartilharam dados com empresas privadas e permitiram que estas rea-

---

[196] Souza; Venturini. *Tecnologias e Covid-19 no* Brasil, *op. cit.*

lizassem coleta e processamento de informações, em muitos casos, de fácil identificação, isto é, não anonimizadas.

Os exemplos utilizados consistem em pequenas amostras cujo objetivo é apontar para o que tem ocorrido no setor da saúde pública brasileira no que tange ao desenvolvimento de sistemas de IA e à extração de dados. Nos últimos anos, há uma ampliação nas relações entre público e privado no setor. A escolha política e econômica por plataformas digitais privadas para a aplicação de sistemas digitais na saúde tem sido a tônica do setor, o que reforça o aprofundamento do colonialismo de dados da população brasileira e da dependência do Brasil em relação aos países que, há décadas, investem em infraestruturas tecnológicas próprias e no desenvolvimento de empresas localizadas em seus territórios, cuja exploração de dados consiste em seu negócio principal e na sua forma de poder.

6.3. DADOS DE SAÚDE PARA ALÉM DO CAPITALISMO

Como vimos, os dados são cada vez mais necessários para o avanço da ciência e da medicina, por isso não cabe propor a eliminação de sua coleta e utilização. Contudo, é preciso avaliar criticamente a naturalização da coleta de dados com base no dataísmo e a conclusão de que a dataficação e os avanços da IA possam por si resolver todo e qualquer problema que os seres humanos venham a ter no âmbito da saúde individual e coletiva. Essa percepção ganhou ainda mais força após a eclosão da mais grave crise sanitária e humanitária do século, gerada pela pandemia de Covid-19 e pelos imperativos do capitalismo.

Esse momento torna ainda mais necessária a compreensão dos possíveis impactos que a dataficação e o colonialismo de dados trarão no futuro próximo. Somente essa análise crítica e abrangente será capaz de fundamentar ações coletivas que desafiem uma dinâmica que vem se impondo silenciosa e veladamente.

É de total interesse de empresas como a Google, que tem como modelo de negócio os dados, que as pessoas acreditem que os dados são recursos renováveis e inesgotáveis, e que precisam ser utilizados para o benefício de toda a sociedade. Na realidade, essas empresas buscam contornar convenientemente as questões sobre privacidade e proteção do indivíduo para transformar o colonialismo de dados em seu *status quo*.[197]

Desse modo, analisar a forma atual de utilização de dados de saúde pelo capital, bem como compreender o papel do colonialismo de dados para a expansão do capitalismo e para o aprofundamento de desigualdades e formas de discriminação e da dependência de países como o Brasil, poderá abrir caminhos fundamentais de debates, reflexões e propostas coletivas sobre o gerenciamento de dados no setor. Isso também implica dizer que é preciso pensar em alternativas que apontem para além da esfera jurídica – ainda que as leis e normas específica do setor da saúde e a LGPD tenham um papel importante na garantia imediata à proteção aos dados e ao não vazamento de informações pessoais e sensíveis.

Enquanto a segurança dos dados de saúde depender da dinâmica do mercado, não haverá proteção real. É preciso compreender que os valores de confidencialidade de um paciente não são os valores do mercado,[198] haja vista os benefícios que uma análise preditiva pode trazer às empresas com atuação na área da saúde.

Portanto, é fundamental construir, no curto prazo, um gerenciamento coletivo dos dados da saúde que tenha como pre-

---

[197] Couldry; Mejias. "Making Data Colonialism Liveable", *op. cit.*, p. 12.
[198] Couldry; Mejias. *The Costs of Connections*, *op. cit.*, p. 174.

missas: a importância das informações para o avanço do setor; a anonimização dos dados; transparência dos sistemas algorítmicos utilizados no desenvolvimento de IA; e mapeamento de todos os atores envolvidos em processos de coleta, processamento e armazenamento de dados.

Embora essas medidas por si só não tenham a capacidade de reverter a dinâmica da colonização de dados na saúde, elas certamente imporão dificuldades em seu avanço. Para sua superação total é necessário construir a longo prazo as condições de superação do capitalismo.

7. UNIVERSIDADES FEDERAIS BRASILEIRAS A SERVIÇO DA LÓGICA COLONIAL DE EXPLORAÇÃO DE DADOS

Mariella Batarra Mian

Doutoranda e mestra em Ciências Humanas e Sociais pela Universidade Federal do ABC (UFABC), com especialização em Gestão de Marketing pela Fundação Armando Álvares Penteado (FAAP). Graduada em comunicação social - habilitação em Relações Públicas, pela Universidade Estadual Paulista (UNESP)

Nos últimos anos, pautadas pela racionalidade neoliberal, diversas universidades federais brasileiras têm aceitado, com relativa naturalidade, a incorporação de tecnologias educacionais privadas em suas rotinas operacionais. Essas tecnologias fazem parte, majoritariamente, do conglomerado formado por cinco corporações do setor de tecnologia: Google, Apple, Facebook, Amazon e Microsoft (GAFAM). A proposta deste capítulo é apresentar e problematizar a relação estabelecida entre os oligopólios do capital privado e as universidades brasileiras. Antes de adentrar-se à discussão específica, faz-se necessário, portanto, uma breve contextualização sobre essas Instituições Federais de Ensino Superior (Ifes).[199]

---

[199] Andifes. Associação Nacional dos Dirigentes das Instituições Federais de Ensino Superior. Institucional. Disponível em: <www.andifes.org.br>. Acesso em: 20 jan. 2021. Além das universidades federais,

A primeira universidade federal criada no Brasil foi a do Rio de Janeiro (UFRJ), em 1920. Ao longo das décadas do século XX, conforme maior valorização da produção científica nacional, outras universidades federais foram instaladas em todas as regiões do Brasil. A partir dos anos 1980, o olhar político desenvolvimentista e neoliberal se voltou para a educação superior brasileira, principalmente após o Consenso de Washington,[200] em 1989. A partir desse momento, o projeto de criação de novas universidades federais brasileiras[201] foi intensificado. Atualmente, o Brasil possui 68 Ifes distribuídas em todas as regiões do país.[202]

---

estão abarcados no termo "IFES" dois Centros Federais de Educação Tecnológica (CEFETs) e dois Institutos Federais de Educação, Ciência e Tecnologia (IFETs). Neste texto, a utilização do termo refere-se especificamente às universidades federais brasileiras.

[200] A expressão "Consenso de Washington" decorreu de uma reunião realizada em 1989 no International Institute of Economy, em Washington, com o objetivo de discutir as reformas necessárias – pautadas em premissas neoliberais – para a América Latina. As críticas acerca do consenso argumentam que as práticas sugeridas pelos países desenvolvidos (Norte Global) aos países periféricos (Sul Global), como a privatização de estatais, atendem prioritariamente aos interesses dos países ricos e das elites locais.

[201] Dourado, Luiz Fernandes. "Estado, educação e democracia no Brasil: retrocessos e resistências". *Educação e Sociedade*, Campinas, v. 40, 2019. Gomes, Alfredo; Moraes, Karine. "Educação superior no Brasil contemporâneo: transição para um sistema de massa". *Educação e Sociedade*, Campinas, v. 33, n. 118, p. 171-190, jan-mar. 2012.

[202] Devido aos objetivos centrais deste artigo e à impossibilidade de discorrer detalhadamente sobre o processo histórico de criação das universidades federais brasileiras, recomendam-se os seguintes autores para compreensão mais aprofundada sobre a trajetória de implantação dessas instituições no Brasil: Dourado. "Estado, educação e democracia no Brasil", *op. cit.*; Gomes; Moraes. "Educação superior no Brasil contemporâneo", *op. cit.*

No gráfico a seguir, elaborado com base em informações disponibilizadas pelo Ministério da Educação,[203] é possível visualizar o histórico de criação dessas universidades, por região:

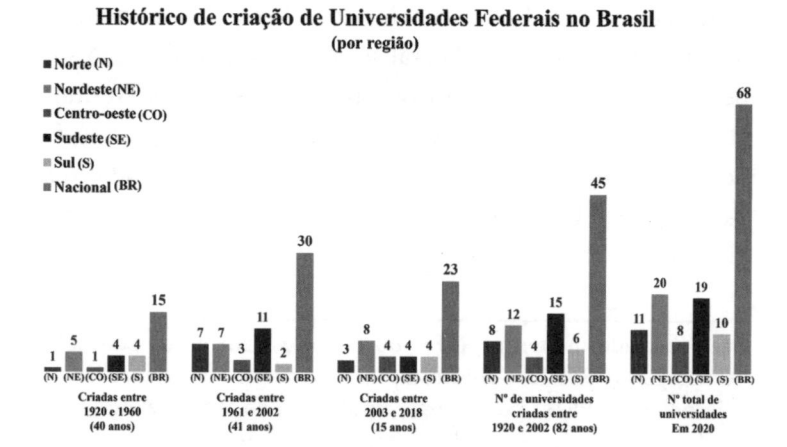

Histórico de criação de Universidades Federais no Brasil
(por região)

- Norte (N)
- Nordeste (NE)
- Centro-oeste (CO)
- Sudeste (SE)
- Sul (S)
- Nacional (BR)

Criadas entre 1920 e 1960 (40 anos)	Criadas entre 1961 e 2002 (41 anos)	Criadas entre 2003 e 2018 (15 anos)	Nº de universidades criadas entre 1920 e 2002 (82 anos)	Nº total de universidades Em 2020
N:1, NE:5, CO:1, SE:4, S:4, BR:15	N:7, NE:7, CO:3, SE:11, S:2, BR:30	N:3, NE:8, CO:4, SE:4, S:4, BR:23	N:8, NE:12, CO:4, SE:15, S:6, BR:45	N:11, NE:20, CO:8, SE:19, S:10, BR:68

Gráfico 1 - Histórico de criação de Universidades Federais no Brasil, por região. (Elaborado pela autora, a partir de dados oficiais do Ministério da Educação).

Os dados apresentados no gráfico acima indicam o ritmo histórico de criação das universidades federais brasileiras, tanto no âmbito regional como na esfera nacional. As informações dispostas demonstram, por exemplo, que no âmbito nacional a taxa de crescimento da quantidade de Ifes no Brasil foi progressiva ao longo dos anos.

---

[203] Brasil. Ministério da Educação. Secretaria de Educação Superior. *Criação de Universidades*: linha do tempo. [201-] Disponível em: <http://portal.mec.gov.br/sesu/arquivos/pdf/linhatempo-ifes.pdf>. Acesso em: 20 jan. 2021.

Os números apresentados no gráfico demonstram a consolidação das universidades federais no território brasileiro. Um relatório divulgado em 2016 pela Coordenação de Aperfeiçoamento de Pessoal de Nível Superior (Capes) demonstra que essas instituições federais, junto às universidades públicas estaduais, representam 95% das publicações científicas desenvolvidas no país.[204]

Ademais, as Ifes, por meio dos projetos de democratização do ensino superior no Brasil, incluindo a Lei das Cotas,[205] promulgada em 2012 pela então presidenta Dilma Rousseff, foram pioneiras na implantação de mudanças estruturais das práticas mais inclusivas de ingresso e de permanência nas universidades públicas no Brasil. Mais recentemente, a Universidade Federal de Itajubá (Unifei), em Minas Gerais, publicou um estudo[206] indicando que o montante investido pelo governo federal na instituição é, em média, retornado em valores até três vezes maiores à sociedade, em forma de acréscimo de renda aos alunos egressos e impostos sobre a renda adicional desses profissionais.

---

[204] Clarivate Analytics. *Research in Brazil*: A report for CAPES by Clarivate Analytics. 2016. Disponível em: <http://portal.andes.org.br/imprensa/noticias/imp-ult-992337666.pdf>. Acesso em: 23 jan. 2021.

[205] Brasil. "Lei nº 12.711, de 29 de agosto de 2012, que dispõe sobre o ingresso nas universidades federais e nas instituições federais de ensino técnico de nível médio e dá outras providências". *Diário Oficial da União*, seção 1, 30 ago. 2012. Disponível em: <www.planalto.gov.br/ccivil_03/_Ato2011-2014/2012/Lei/L12711.htm>. Acesso em: 23 jan. 2021

[206] Universidade Federal de Itajubá. "Estudo inédito sobre retorno dos investimentos em educação mostra que a UNIFEI agrega à sociedade muito mais valor do que o seu orçamento anual". *Blog Unifei*, 6 out. 2020. Disponível em: https://unifei.edu.br/blog/estudo-inedito-sobre-retorno-dos-investimentos-em-educacao-mostra-que-a-unifei-agrega-a-sociedade-muito-mais-valor-do-que-o-seu-orcamento-anual/. Acesso em 23 jan. 2021.

Ao mesmo tempo que as universidades federais são reconhecidas enquanto patrimônio nacional e são respaldadas constitucionalmente como instituições com "autonomia didático-científica, administrativa e de gestão financeira e patrimonial",[207] elas carregam em si as contradições de estarem inseridas no modelo de sociedade neoliberal em que a ciência e a educação são também vistas como mercados extremamente lucrativos. O sociólogo Boaventura de Sousa Santos elucida o termo "capitalismo universitário" para examinar essa contradição. Segundo ele, a partir da inserção das práticas neoliberais nas universidades, iniciadas em meados dos anos 1980, essas universidades têm se transformado "de um bem comum, em investimento lucrativo".[208]

Sob essa lógica mercadológica e com distorções referentes ao entendimento do princípio da economicidade, que rege legalmente as contratações e aquisições nos órgãos públicos,[209] os modelos de negócios operados pelas gigantes corporações – GAFAM – tem invadido, em ritmo avassalador, as Ifes brasileiras. Respaldado pela racionalidade neoliberal e pelo *modus operandi* colonialista, o oligopólio mundial apresenta-se às universidades federais brasileiras, mais especificamente Google e

---

[207] Brasil. [Constituição (1988)]. *Constituição da República Federativa do Brasil de 1988*. Brasília, DF: Presidência da República, [2020]. Disponível em: http://www.planalto.gov.br/ccivil_03/Constituicao/Constituiçao.htm. Acesso em: 23 jan. 2021

[208] Santos, João Vitor; Azevedo, Wagner Fernandes de. "Future-se e o capitalismo universitário: Entrevista especial com Boaventura de Sousa Santos". *Instituto Humanitas Unisinos*, 19 ago. 2019. Disponível em: http://www.ihu.unisinos.br/159-noticias/entrevistas/591753-future-se-e-o-capitalismo-universitario-trata-se-de-transformar-a-universidade-de-um-bem-comum-em-investimento-lucrativo-entrevista-especial-com-boaventura-de-sousa-santos/. Acesso em: 23 jan. 2021.

[209] Brasil. Constituição 1988, *op. cit.*

Microsoft, oferecendo "as melhores, as mais modernas, as mais intuitivas e mais baratas" soluções em tecnologias educacionais.

No tópico a seguir, serão mais detalhadas essas discussões envolvendo a ideia do capitalismo universitário, do colonialismo de dados e da invasão das tecnologias GAFAM nas universidades federais brasileiras.

7.1. CAPITALISMO UNIVERSITÁRIO E COLONIALISMO DE DADOS NAS IFES BRASILEIRAS

Diante da realidade contemporânea, as universidades federais brasileiras também têm se tornado espaços cooptáveis e com grande potencial de exploração mercantil. Essa lógica corresponde ao que Boaventura de Sousa Santos denominou "capitalismo universitário". Significa dizer que, ainda que sejam responsáveis por fomentar diversidade, autonomia dos saberes, inclusão e o olhar crítico e de resistência na sociedade, as instituições públicas de ensino superior no Brasil estão, contraditoriamente, e cada vez mais, alinhadas com as dinâmicas impostas pelo mercado.

A própria prática de aferir a qualidade dessas instituições, por exemplo, tem estimulado uma progressiva competitividade entre as Ifes e sido reduzida aos conceitos pragmáticos divulgados por *rankings* globais. De acordo com Santos, trata-se da "ideia de que a universidade deve ser ela mesma um mercado, a universidade como empresa".[210]

---

[210] "Boaventura de Sousa Santos destrincha o assédio neoliberal às universidades". *Instituto Humanitas Unisinos*, 16 jun. 2018. Disponível em: http://www.ihu.unisinos.br/78-noticias/579979-boaventura-de-sousa-santos-destrincha-o-assedio-neoliberal-as-universidades. Acesso em: 23 jan. 2021.

Com o crescimento acelerado das tecnologias comunicacionais para educação, potencializado pelo cenário da pandemia da Covid-19, o conceito de "capitalismo universitário" tem assumido nuances ainda mais complexas, que tem colocado em xeque a existência das universidades federais enquanto espaços autônomos e de fomento à criticidade do território brasileiro.

Em 2018, pesquisadores brasileiros já problematizavam a oferta de plataformas educacionais privadas às Ifes brasileiras ao mapearem a trajetória de inserção das plataformas educacionais GAFAM (mais especificamente a ferramenta Google for Education) nas universidades públicas brasileiras.[211] Eles relatam que em 2016 um grande evento promovido em São Paulo pela Google reuniu representantes de Ifes para que fossem apresentados à "revolucionária" plataforma educacional. Além desse evento, representantes da empresa imputaram esforços em comparecer às universidades públicas para dar palestras sobre as ferramentas e oferecer adesão gratuita aos dirigentes dessas instituições.

Para adentrarem aos espaços universitários públicos, as *big techs* GAFAM investiram massivamente em estratégias de relacionamento, marketing e até em formação dos profissionais da educação, colocando-se como provedoras exclusivas dessas plataformas, estratégias que, do ponto de vista do marketing, foram ofertadas como "facilidades inovadoras, intuitivas e gratuitas às Ifes". O estudo mencionado aponta uma perspectiva bastante crítica acerca da relação assimétrica, naquele momento ainda incipiente, entre essas empresas e as universidades

---

[211] Parra, H. Z. M.; Cruz, L.; Amiel, T.; Machado, J. "Infraestruturas, economia e política informacional: o caso do Google Suite for Education. Mediações, v. 23, n. 1, p. 63-99, jan./jun. 2018. Disponível em: http://www.uel.br/revistas/uel/index.php/mediacoes/article/view/32320/pdf_1. Acesso em: 13 fev. 2021.

públicas. Os pesquisadores afirmam que com essas práticas os membros da comunidade acadêmica se submetem a um modelo de negócio "alavancado no monitoramento de atividades pessoais, visando um perfilamento cada vez mais preciso, que tanto pode atender aos interesses de mercado, gerando vantagens competitivas a certos atores, como também à vigilância e espionagem estatal".[212]

Uma análise situacional lançada em março de 2020, baseada em informações extraídas em um cenário pré-pandemia e conduzida pelo grupo de pesquisa Educação Vigiada[213] mapeou a relação das instituições públicas brasileiras de educação com os serviços ofertados por essas grandes empresas globais. O estudo completo[214] apresentado pelo grupo de pesquisa analisa informações referentes às secretarias estaduais de educação, aos institutos federais e às universidades estaduais e federais.

Considerando que a abordagem deste texto é focada em compreender as condições específicas das universidades federais brasileiras, o gráfico a seguir demonstra a situação dessas Ifes em relação às *big techs* GAFAM, por região do Brasil.

---

[212] *Ibidem.*
[213] O grupo foi organizado pela Iniciativa Educação Aberta (parceria entre a Cátedra UNESCO de Educação EaD da UnB e o Instituto EducaDigital), pelo Laboratório Amazônico de Estudos Sociotécnicos e pelo Centro de Competência em Software Livre, ambos da UFPA.
[214] Educação Vigiada. Dados da pesquisa intitulada "Capitalismo de vigilância e a educação pública do Brasil", 2020. Disponível em: https://educacaovigiada.org.br/. Acesso em: 23 jan. 2021.

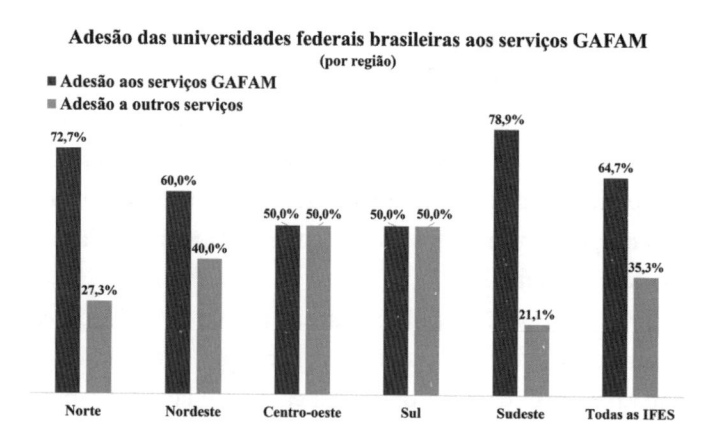

Adesão das universidades federais brasileiras aos serviços GAFAM
(por região)

- Adesão aos serviços GAFAM
- Adesão a outros serviços

Norte: 72,7% / 27,3%
Nordeste: 60,0% / 40,0%
Centro-oeste: 50,0% / 50,0%
Sul: 50,0% / 50,0%
Sudeste: 78,9% / 21,1%
Todas as IFES: 64,7% / 35,3%

Gráfico 2 - Adesão das universidades federais brasileiras aos serviços GAFAM, por região. (Elaborado pela autora, a partir de dados do grupo de pesquisa "Educação Vigiada").

A leitura do gráfico permite observar que universidades federais de todas as regiões brasileiras possuem vínculos com as gigantes do Vale do Silício. No âmbito geral, 44 das 68 universidades possuem contrato com Google e/ou Microsoft.

O olhar para as práticas de invasão do grupo GAFAM nas universidades federais brasileiras permite identificar que a realidade contemporânea pode ser compreendida a partir da interseccionalidade conceitual entre o "capitalismo universitário"[215] e o que os pesquisadores Nick Couldry e Ulises Mejias denominam "colonialismo de dados".[216] Esse extrativismo de dados é operado por essas empresas do Norte Global[217] a partir de uma

---

[215] Santos; Azevedo. "Future-se e o capitalismo universitário", *op. cit.*
[216] Couldry, Nick; Mejias, Ulises. "Data Colonialism: Rethinking Big Data's Relation to the Contemporary Subject". *Television and New Media*, v. 20, n. 4, p. 336-349, 2 set. 2018.
[217] Vale ressaltar que os estudos de Couldry e Mejias indicam que, além dos Estados Unidos, a China emerge como um dos grandes centros glo-

dinâmica que busca dominar e cooptar práticas de acesso às plataformas, dados, metadados e informações comportamentais dos usuários e imputar uma cultura comunicacional hegemônica nas sociedades do Sul Global. O objetivo das práticas de colonizar dados não é conquistar "o terreno físico, mas o terreno da vida humana, nossas experiências e atividades".[218]

Assim, similar às colônias históricas de exploração de recursos naturais, essas grandes empresas, que operam a partir da dinâmica de coleta e tratamento de dados para aperfeiçoar suas práticas mercadológicas, manter sua supremacia no mercado global e continuar escalando marcas colossais de lucro, encontram, nas universidades federais brasileiras, solo fértil e amplamente disponível para extração de sua matéria-prima principal.

Os acordos firmados permitem, potencialmente, que essas corporações tenham acesso a "dados comportamentais extraídos de aplicativos educacionais, dados de rendimento escolar dos alunos e professores – até dados de comunicação institucional e de pesquisa".[219]

Vale ressaltar que o momento histórico – a partir de 2016 – em que essas *big techs* passaram a invadir massivamente os espaços tecno-educacionais das universidades federais brasileiras coincidiu com o início de um período – que vem se agravando a cada ano – de grandes cortes orçamentários nessas instituições. Ou seja, é possível intuir que essa fragilidade contextual am-

---

bais de poder que operam a lógica do colonialismo de dados. No entanto, as práticas no âmbito das universidades federais aqui analisadas referem-se mais especificamente à atuação das empresas estadunidenses.

[218] Couldry, Nick; Ricaurte, Paola. *Terra comum*: a origem da ideia, 2020. Disponível em: https://www.tierracomun.net/blog/a-origem-da-ideia. Acesso em: 15 fev. 2021.

[219] Educação Vigiada. Dados da pesquisa intitulada "Capitalismo de vigilância e a educação pública do Brasil", 2020. *op. cit.*

pliou ainda mais as possibilidades de essas empresas cooptarem os espaços universitários.

Dessa forma, com uma visão pragmática em relação ao princípio da economicidade e eficiência, que é descrito na Carta Magna brasileira como "a obtenção do resultado esperado com o menor custo possível, mantendo a qualidade e buscando a celeridade na prestação do serviço ou no trato com os bens públicos",[220] essas universidades federais aceitam os termos de uso das plataformas globais sem problematizar que, em tempos de capitalismo de vigilância[221] e de colonialismo de dados,[222] essa adesão representa justamente o oposto do que os termos da economicidade propõem, pois o modelo de negócio operado por esses oligopólios não segue o padrão em que há cobrança para liberação do uso.

A lógica é inversa: a gratuidade da ferramenta gera acesso massivo às plataformas educacionais privadas e garante a lucratividade dessas empresas. Assim, as Ifes brasileiras tornam-se espaços com licenças formais para serem explorados pelas *big techs* GAFAM. São "centros de dados"[223] gerando volume imenso de informações estratégicas e baratas, extraídas "não pela força, mas com participação ativa [dos usuários das plataformas no processo".[224]

---

[220] Brasil. Constituição 1988, *op. cit.*
[221] Zuboff, Shoshana. *The Age of Surveillance Capitalism*: The Fight for a Human Future at the New Frontier of Power. London: Profile Books, 2019.
[222] Couldry; Mejias. "Data Colonialism", *op. cit.*
[223] Mejias, Ulisses. "A fazenda, a fábrica e o centro de dados". *Blog Tierra Común*, 2020. Disponível em: https://www.tierracomun.net/blog/centro-de-dados. Acesso em: 15 fev. 2021.
[224] *Ibidem.*

Portanto, as universidades federais, que figuram entre as instituições públicas mais estratégicas da sociedade brasileira, hoje já são laboratórios de aprimoramento dos sistemas de aprendizado de máquinas e retroalimentam a lógica de acumulação de lucro no Norte Global e do aumento das desigualdades e da dependência nos países do Sul.

Ao refletir sobre a relação das *big techs* GAFAM no contexto da pandemia, o antropólogo Rafael Evangelista aponta para a evidente aceleração das dinâmicas de apropriação dessas empresas do Vale do Silício em diversos segmentos sociais cotidianos, incluindo a área da educação superior pública, e ampliação das relações de dependência da sociedade em relação às plataformas por elas ofertadas. De acordo com o antropólogo, "A crise seria uma oportunidade para pôr em marcha mais acelerada processos que já se anunciavam, já eram objeto de desejo".[225]

Assim, mesmo sendo reconhecidas, nacional e internacionalmente, como grandes centros de acúmulo, produção e disseminação de conhecimento qualificado na sociedade, essas Ifes têm se rendido ao mito do custo-benefício das plataformas e aceitado com aparente naturalidade e tímida contestação a invasão das *big techs* GAFAM para que operem, por meio de suas plataformas, os pilares das universidades federais: ensino, aprendizagem, pesquisa, extensão e administração do bem público.

---

[225] Evangelista, Rafael. "A distopia da aceleração está a caminho?". *Outras Palavras*, 2 abr. 2020. Disponível em: https://outraspalavras.net/tecnologiaemdisputa/a-distopia-da-aceleracao-esta-a-caminho/. Acesso em: 12 fev. 2021.

7.2. RISCOS, CONSEQUÊNCIAS E POSICIONAMENTOS DAS IFES ADERENTES ÀS PLATAFORMAS GOOGLE E MICROSOFT

No sentido de organizar a forma como essa lógica do capitalismo universitário e do colonialismo de dados tem se aplicado na realidade das universidades federais brasileiras, principalmente a partir da invasão das tecnologias educacionais privadas, neste tópico serão apresentados os riscos, as consequências e a forma como algumas universidades federais brasileiras têm se posicionado em relação à adesão dos serviços ofertados pelo oligopólio das *big techs* GAFAM, mais especificamente às funcionalidades ofertadas pela Google e pela Microsoft.

As análises apresentadas a seguir são pautadas nas reflexões apontadas neste texto e nos dados do relatório *Educação, dados e plataformas*,[226] que fez uma análise descritiva dos termos de uso das plataformas educacionais ofertadas gratuitamente às Ifes pela Google e pela Microsoft.

Em relação à gratuidade na oferta dos serviços de tecnologias educacionais privadas, as empresas se propõem a oferecer gratuidade e treinamento para utilização dos pacotes de serviços educacionais como plataformas de webconferências, armazenamento em nuvem, e-mail, ambientes virtuais de aprendizagem, entre outros. As corporações propõem, ainda, alternativas, colocando-se como propositivas na busca por aprimoramento das práticas educacionais por meio das tecnologias digitais de comunicação.

---

[226] Lima, Stephane. *Educação, dados e plataformas*: análise descritiva dos termos de uso dos serviços educacionais Google e Microsoft. São Paulo: Iniciativa Educação Aberta, 2020. Disponível em: https://www.aberta.org.br. Acesso em: 20 fev. 2021.

Considerando a crítica situação orçamentária das Ifes, o princípio da economicidade, o modelo intuitivo das plataformas ofertadas e a ideia de que não há possibilidades de criação de soluções alternativas, muitas das instituições acabam avaliando como oportuna a proposta ofertada e assinam o contrato com os termos de uso propostos pelas empresas. Por entenderem os serviços como benefícios, diversas Ifes não se atentam aos riscos ocultos nas propostas apresentadas pelas corporações:

– Primeiro, as empresas oferecem acesso total, ilimitado e gratuito aos pacotes educacionais, sem, contudo, explicitar nos termos de uso por quanto tempo esses serviços estarão disponíveis e quais dessas funcionalidades poderão ser descontinuadas em um momento futuro;
– Desse modo, cria-se uma relação de dependência entre usuários e plataforma, fomentando que as instituições se mobilizem para posteriormente pagar pelos serviços. Ademais, evocar o princípio da economicidade para justificar esse tipo de contrato remete a uma falsa prerrogativa, visto que o próprio acesso de cada usuário é percebido como fonte de lucratividade por essas corporações;
– Mesmo sendo ofertada gratuitamente, as plataformas possuem potencial explícito para explorar comercialmente os dados gerados pelas universidades federais;
– Ao aceitarem as opções ofertadas pelas corporações, as universidades furtam-se de buscar alternativas autônomas e coletivas. Acabam abrindo mão de acumular aprendizados que possam subsidiar desenvolvimento de plataformas próprias, abertas e livres. Ademais, isentam-se do papel de proponentes de políticas públicas nacionais com potencial emancipador.

Outro aspecto relevante nessa relação das Ifes com a Google e a Microsoft refere-se à coleta de dados e aos aspectos jurídicos dos serviços ofertados. As empresas afirmam que não coletarão dados pessoais dos usuários e indicam que as próprias Ifes devem gerenciar as informações de acesso de suas comunidades universitárias. Também dão a entender que as instituições de ensino possuem mecanismos para resolver judicialmente eventuais controvérsias contratuais.

Grande parte das Ifes compreendem que, caso ocorra algum problema relacionado a coleta, vazamento ou uso para fins comerciais de dados de membros da comunidade universitária, poderão responsabilizar as corporações que oferecem o serviço. Todavia, ao acatarem os termos propostos pelas corporações, as universidades se isentam de problematizar as seguintes ameaças veladas:

> – Apesar de mencionar que os dados gerenciais ou primários das pessoas (nome, CPF, e-mail etc.) não serão utilizados para fins comerciais, os termos de uso não explicitam a dinâmica das corporações em relação aos metadados e dados comportamentais (estes são reconhecidamente mais estratégicos aos propósitos mercadológicos das corporações).
> – Por meio da coleta e processamento de metadados e dados comportamentais, as empresas aprimoram suas práticas de inteligência artificial e de predição. Tal aprimoramento permite que se tornem cada vez mais hegemônicas e reduz drasticamente possibilidade de atuação de empresas nacionais. Os recursos informacionais extraídos das universidades federais brasileiras ficam a serviço de interesses privados. Trata-se da possibilidade de "uma coleta e tratamento dos dados que poderia vir

a beneficiá-la comercialmente frente às outras empresas do setor".[227]

– Também parece nebulosa a ideia de que as próprias Ifes devem gerenciar os dados de acesso de seus usuários, pois essa prática transfere para as universidades a responsabilidade de gerir eventuais casos de abusos em relação ao uso desses dados.

– Ademais, os termos contratuais impostos pelas corporações indicam claramente que os dados das universidades brasileiras podem ser tratados e hospedados em qualquer outro lugar do mundo, a depender da decisão da empresa. Essa medida retira do poder Judiciário brasileiro a possibilidade de atuar em casos envolvendo as Ifes.

– Além disso, os termos indicam que, em eventuais casos de conflitos entre as partes, os caminhos para resolução serão pautados na lei do estado da Califórnia e os processos devem ser encaminhados ao local sede das empresas. Essas condições explicitam que as relações de poder e condições contratuais entre *big techs* GAFAM e universidades federais são nitidamente assimétricas.

A partir de buscas em sites de diversas universidades federais, foram encontradas dezenas de notícias com posicionamentos públicos em relação à adesão às plataformas educacionais privadas. Para fins de exemplificação dos argumentos problematizados neste texto, serão apresentados a seguir recortes de justificativas assumidas por três universidades. São elas: Universidade Federal do Pernambuco (UFPE), Universidade Federal de Santa Catarina (UFSC) e Universidade Federal de Ouro Preto (UFOP).

---

[227] *Ibidem.*

Ao aderir às plataformas privadas, a Universidade Federal do Pernambuco justifica que "o fator decisivo para essa mudança é a necessidade de um ambiente digital integrado, seguro e com amplo espaço de armazenamento".[228] Essa justificativa está alinhada à ideia de que somente essas plataformas ofertadas pelas grandes corporações estão aptas a fornecer serviços de alta qualidade. Ademais, a universidade se compromete a oferecer um ambiente seguro sem especificar a quais aspectos de segurança se refere. No quesito preservação de dados comportamentais, por exemplo, há fragilidades nos termos de adesão dos serviços Google e Microsoft que não são considerados.

Já a Universidade Federal de Santa Catarina afirma em seu portal oficial que, com a adesão aos serviços, a comunidade universitária teria à disposição ferramentas que "já estão habituados a utilizar com suas contas pessoais da Google e da Microsoft, otimizando assim a curva de aprendizagem".[229] Em relação aos dados, a universidade relatou: "estamos aderindo a programas acadêmicos, tanto de Google quanto Microsoft, que entregam o serviço com garantias de privacidade e segurança aos dados da instituição".[230]

A justificativa apresentada pela UFSC remete à ideia de perpetuar a cultura do uso de plataformas privadas internacionais. A instituição coloca-se como aliada das corporações na conso-

---

[228] Universidade Federal do Pernambuco. "GSuite na UFPE.2019". Site UFPE. Disponível em: https://www.ufpe.br/gsuite. Acesso em: 22 de fev. 2021.

[229] Universidade Federal de Santa Catarina. "Google Suite e Office 365 disponíveis para estudantes e servidores da UFSC.2020". Site UFSC. Disponível em: https://noticias.ufsc.br/2020/08/google-suite-e-office--365-disponiveis-para-estudantes-e-servidores-da-ufsc/. Acesso em: 22 de fev. 2021

[230] *Ibidem.*

lidação das plataformas como opções exclusivas. Além disso, mesmo diante das vulnerabilidades contratuais, afirma que as empresas respaldam os usuários nos quesitos relacionados à proteção de dados.

A UFOP, por sua vez, quando aderiu aos serviços, também divulgou em seus canais oficiais sua justificativa afirmando que "não possui uma equipe especializada em melhorar a interface, desempenho e segurança do serviço de e-mail, que é de 2009. Em contrapartida, a Google possui engenheiros que garantem um desenvolvimento contínuo do serviço oferecido".[231]

Tal justificativa revela explicitamente uma postura de dependência e conformidade da universidade em relação à corporação. Desvaloriza seu potencial técnico, enaltece o da empresa e utiliza o verbo "garantir" para afirmar que os serviços Google não serão descontinuados. Uma análise dos termos de acordo evidencia que a corporação internacional não possui compromisso algum em manter gratuidade do pacote completo por tempo ilimitado.

As análises apresentadas neste tópico, agregadas às informações de adesão às plataformas privadas, explicitadas no tópico anterior, indicam que os discursos e estratégias adotados pelas *big techs* GAFAM têm obtido êxito, no sentido de cooptar os espaços de interação virtual das universidades federais brasileiras. A pandemia da Covid-19 fomentou o senso de urgência das instituições em aderir às soluções prontas, mais fáceis e pragmaticamente menos custosas, e acelerou as práticas invasivas dessas corporações junto às Ifes.

---

[231] Vilela, Ivan. "UFOP assina acordo com a Google para uso do G Suite for Education". Site UFOP, 23 mar. 2018. Disponível em: https://ufop.br/noticias/fique-atento/ufop-assina-acordo-com-google-para-uso-do-g-suite-education. Acesso em: 23 fev. de 2021

As forças de resistência em relação a essas estratégias também têm ganhado visibilidade e emergem, majoritariamente, das próprias comunidades acadêmicas. O próprio projeto de pesquisa Educação Vigiada, aqui apresentado, compõe o rol de ações que buscam contrapor essa lógica imposta pelas grandes corporações do Vale do Silício. Ademais, à medida que o ensino remoto intermediado por essas tecnologias avançou durante a pandemia nas universidades, novas ações de contraposição também têm surgido. É o caso da carta-proposta[232] enviada por um grupo de pesquisadores às instituições públicas de ensino superior. Os signatários do documento alertam para os custos implícitos das plataformas ofertadas pelo oligopólio internacional, sugerem ferramentas alternativas com tecnologias e acrescentam: "pensamos em uma educação e uma sociedade onde a construção de um ecossistema informacional protegido e livre é o alicerce para a construção de uma base tecnológica soberana e cidadã para o país".[233]

Uma das possibilidades, em escala federal, que tem sido recorrentemente indicada como alternativa aos serviços educacionais ofertados pelas plataformas privadas é a plataforma colaborativa de comunicação online denominada "Conferência Web" ofertada pela Rede Nacional de Ensino e Pesquisa (RNP), plataforma digital pública para educação, pesquisa e inovação no Brasil. Em entrevista concedida para subsidiar a elaboração deste texto, um dos diretores da RNP afirmou, em relação ao armazenamento dos dados dos usuários logados na plataforma,

---

[232] "Educação Aberta/Uma proposta de Política de TI.2020". Site Wikiversidade. Disponível em: https://pt.wikiversity.org/wiki/Educação_Aberta/Uma_proposta_de_Política_de_TI. Acesso em: 15 fev 2021.
[233] *Ibidem.*

que "todas as informações de login ficam dentro dos servidores das universidades".

Além disso, todas as universidades federais brasileiras, por estarem vinculadas ao Ministério da Educação e ao Ministério da Ciência, Tecnologia e Inovação, estão habilitadas a utilizarem o referido serviço. Quando questionado sobre as principais vantagens da plataforma ofertada pela RNP em relação aos serviços ofertados pelas corporações privadas, o dirigente afirmou que "a principal vantagem é um serviço com foco na necessidade das instituições de ensino e pesquisa do Brasil. Promovemos encontros com os principais usuários a cada trimestre, além do *feedback* disponível na própria ferramenta".

Vale ressaltar que, mesmo sendo indicada como uma das alternativas tecnológicas públicas e federadas mais robustas e consolidadas, a RNP também tem assumido posicionamentos favoráveis e efetivado ações de integração com as empresas GAFAM e a chinesa Huawei. Em maio de 2020, por exemplo, a Rede Nacional "passou a oferecer créditos especiais em recursos computacionais em nuvem para ações de pesquisa ou de combate direto à Covid-19". De acordo com notícia publicada pela própria RNP,[234] "os recursos computacionais em nuvem são oferecidos pelas empresas parceiras Amazon, Google, Huawei e Microsoft".

Além disso, recentemente, a RNP foi responsável por migrar para os serviços de e-mail Google as contas do Instituto Brasileiro de Informação em Ciência e Tecnologia.[235] Quando pergunta-

---

[234] Rede Nacional de Ensino e Pesquisa. "RNP oferece recursos computacionais em nuvem para ações de combate à Covid-19". Site RNP, 25 maio 2020. Disponível em: https://www.rnp.br/noticias/rnp-oferece-recursos-computacionais-em-nuvem-para-acoes-de-combate-covid-19. Acesso em: 25 jan. 2021.

[235] Rede Nacional de Ensino e Pesquisa. "RNP promove a migração e

do sobre os riscos referentes à adesão às plataformas privadas, o dirigente da RNP respondeu que: "A demanda do ensino no Brasil requer uma combinação de serviços públicos e privados atendendo aos critérios de segurança e privacidade previstos em lei".

Para além da situação explicitada no âmbito das universidades federais, o cenário de colonialismo de dados e de dependência das práticas impostas pelos grandes centros tecnológicos do mundo mostra-se ainda mais grave no Brasil, quando até mesmo instituições como a RNP e o Instituto Brasileiro de Informação em Ciência e Tecnologia se submetem a tais "parcerias".

7.3. UM OLHAR EMANCIPATÓRIO A PARTIR DA PERSPECTIVA DA COLETIVIDADE

A realidade apresentada neste texto indica que a lógica imposta pelas *big techs* GAFAM tem dominado o centro da educação superior e da produção científica e tecnológica nacional, incluindo, além das universidades federais, a RNP e o Instituto Brasileiro de Informação em Ciência e Tecnologia. A assimetria de poder entre essas corporações internacionais e os órgãos nacionais limitam enormemente as perspectivas de proposições para construção de rumos opostos aos que já estão em consolidação.

Todavia, diante das graves consequências do que esse capitalismo universitário e o colonialismo de dados representam à soberania e independência das instituições de ensino e pesquisa nacionais, faz-se necessário, ainda que soe como um ideal utópico, apresentar ao menos provocações que vislumbrem a possibilidade de uma realidade menos rendida à lógica imposta.

Ibict e Cetene passam a utilizar o G Suite gratuitamente". Site RNP, 28 fev. 2020. Disponível em: https://www.rnp.br/noticias/rnp-promove-migracao-e-ibict-e-cetene-passam-utilizar-o-g-suite-gratuitamente. Acesso em 25 jan. 2021

Em um cenário em que os pilares democráticos da sociedade brasileira estão cada vez mais fragilizados, as universidades federais, mesmo que também sejam alvos de ataques constantes, representam pontos de resistência fundamentais e um dos únicos lugares públicos que ainda possuem autonomia de gestão e de fomento ao pensamento crítico e às práticas colaborativas. De acordo com Santos, são espaços favoráveis à "democratização, produção de conhecimento com vocação anticapitalista, anticolonialista e antipatriarcal, luta contra os preconceitos raciais e sexuais e contra conservadorismo religioso".[236]

Mesmo imersas em suas próprias contradições históricas, essas instituições possuem papel fundamental de transformação social no Brasil. Mais recentemente, a Associação Nacional dos Dirigentes das Instituições Federais de Ensino Superior (Andifes) tem fomentado ações cooperativas interuniversitárias de combate às tentativas de desmonte das Ifes. Certamente, diante do avanço das práticas neoliberais, não é possível traçar um caminho nítido de contraposição à lógica hegemônica das corporações do Norte Global, que seguem, com relativa tranquilidade, colonizando dados e comportamentos no Brasil.

Contudo, se há algum caminho possível, a única forma de viabilizá-lo é a partir do olhar para a coletividade, para o bem comum e para as ações solidárias. Essas são, indubitavelmente, práticas que representam a essência dessas universidades federais. Trata-se, portanto, de explorar, ainda mais, a potencialidade de articulação dessas Ifes, em redes colaborativas, para construção do conhecimento crítico e criação de soluções educacionais pautadas na cooperação, no comum, na coletividade e na emancipação nacional dos saberes e das experiências sociotecnológicas.

---

[236] Santos; Azevedo. "Future-se e o capitalismo universitário", *op. cit.*

8. AS TENDÊNCIAS NEOLIBERAIS E DATAFICADAS DA INCORPORAÇÃO TECNOLÓGICA NAS CIDADES

Iara Schiavi

Jornalista, doutoranda em Ciências Humanas e Sociais pela Universidade Federal do ABC e pesquisadora do Laboratório de Tecnologias Livres (LabLivre/UFABC).

A formação das cidades consiste em um processo histórico confluente entre estruturas locais e globais. Tal entendimento é relevante para que as transformações urbanas sejam estudadas e compreendidas sob uma perspectiva crítica, histórica, mas também regional. Essa perspectiva é válida para a compreensão tanto das primeiras aglomerações urbanas quanto da crescente urbanização, dos processos neoliberais nas cidades e, mais recentemente, da incorporação das Tecnologias da Informação e Comunicação (TICs).

Atualmente, um crescente aparato tecnológico está sendo incorporado às cidades, modificando processos, modelos de gestão e a urbanidade. Essas transformações estão relacionadas ao discurso predominante de *smart cities*,[237] que inclui tanto projetos centralizados quanto dispersos para adoção de TICs no meio urbano.[238] Embora existam divergências teóricas e práticas so-

---

[237] Utiliza-se, neste capítulo, o termo *smart city*, visto que a tradução por "cidade inteligente", apesar de frequente, não contempla todos os atributos propostos no entendimento de "*smart*".

[238] Morozov, Eugeny; Bria, Francesca. *A cidade inteligente: tecnologias*

bre o que são as *smart cities* e quais mudanças no espaço urbano podem receber essa nomenclatura,[239] autores convergem que o entendimento atual reflete construções mercadológicas atreladas ao marketing urbano e ao neoliberalismo,[240] especialmente considerando as propostas de empresas como IBM, Cisco e Siemens.

Na argumentação deste capítulo, utilizo o entendimento de Greenfield,[241] que define a *smart city* como a instrumentalização do tecido urbano somada à quantificação da vida urbana para orientar a governança municipal e seus processos, preferencialmente com uma supervisão computacional centralizada e automatizada. Trata-se de uma proposta corporativa, sendo que o uso atual do termo *smart city* dificilmente consegue ser desvinculado dessa concepção.

A proposta mercadológica das *smart cities* inclui soluções tecnológicas desenvolvidas para "lugar nenhum",[242] ou seja, genéricas e que desconsideram elementos históricos e constitucionais de um espaço, como cultura, conflitos, populações etc. Outro ponto relevante é que os discursos se baseiam no que a cidade pode vir a ser, com um apelo ao futuro abstrato. Outros elementos que compõem a proposta corporativa de *smart cities* são: o pacote tecnológico genérico; a reafirmação das empresas de que a tecnologia é neutra; soluções proprietárias que tornam

---

urbanas e democracia. São Paulo: UBU, 2020.
[239] Fariniuk, Tharsila; Batista Simão, Marcela; Firmino, Rodrigo José; Mendonça, Juliana. "O estereótipo *smart city* no Brasil e sua relação com o meio urbano". *Perspectivas em Gestão & Conhecimento*, v. 10, n. 2, p. 159-179, 2020.
[240] Morozov; Bria. *A cidade inteligente, op. cit.*; Fariniuk et al. "O estereótipo smart city no Brasil e sua relação com o meio urbano", *op, cit.*; Greenfield, Adam. *Against the Smart City*. Nova York: Do Projects, 2013.
[241] Greenfield, Adam. *Against the Smart City, op. cit.*
[242] Greenfield desenvolve sua argumentação com base nas contribuições de Deleuze sobre "any-space-whatever".

a cidade dependente das empresas; e alinhamento aos propósitos neoliberais.[243]

Portanto, tais características da *smart city* fazem com que as propostas sejam alinhadas ao determinismo tecnológico, que entende, nesse caso, a cidade enquanto um problema a ser tecnologicamente resolvido, desconsiderando questões políticas, econômicas e sociais que influenciam diretamente a vida urbana. Para Green, esse modelo de *smart city* consiste em "uma reconceituação drástica e míope das cidades em problemas tecnológicos", que resultará em "cidades que são superficialmente inteligentes, mas sob a superfície estarão repletas de injustiça e desigualdade".[244]

No Brasil, embora se desenvolva lentamente, esse processo registra crescimento anual. Um levantamento[245] identificou 276 projetos distribuídos em 86 cidades brasileiras no período de 2004 a 2017. As iniciativas mais frequentes foram classificadas nas seguintes categorias: eventos e feiras (48); mobilidade (46); vigilância e segurança pública (43); e digitalização de processos e práticas (41), o que corresponde a 64,5% do total. Verifica-se que, "no Brasil, o uso do termo *smart city* tem sido geralmente adotado por projetos patrocinados por empresas estrangeiras ou desenvolvidos a partir de parcerias público-privadas".[246] Tal cenário demanda, pois, mais estudos sobre a inserção das cidades brasileiras nessa nova dinâmica.

---

[243] Greenfield, Adam. *Against the Smart City*, op. cit.
[244] Green, Ben. *The Smart Enough City*, 2019. Disponível em: https://smartenoughcity.mitpress.mit.edu/. Acesso em: 23 ago. 2019, não paginado. Tradução nossa.
[245] Fariniuk et al. "O estereótipo smart city no Brasil e sua relação com o meio urbano", *op, cit.*
[246] *Ibidem*, p. 160.

Neste capítulo, busco compreender como a lógica de incorporação tecnológica nas cidades compromete a autonomia das cidades brasileiras já inseridas em um processo histórico de dependência. Para a compreensão desse processo, abordo a constituição das cidades no Sul Global, com destaque às consequências espaciais do colonialismo e, mais recentemente, do neoliberalismo. Em seguida, apresento uma breve trajetória da incorporação das TICs no espaço urbano desembocando na dataficação, que é a base da extração massiva de dados proposta no modelo corporativo de *smart city*. Por fim, comento a Carta Brasileira para Cidades Inteligentes, documento que se propõe a nortear a agenda pública brasileira sobre a incorporação urbana das TICs.

8.1. DA CIDADE COLONIAL À CIDADE NEOLIBERAL

Entre as muitas características das *smart cities* propostas pela concepção mercadológica, destaca-se um aspecto central a esta análise: o caráter neoliberal da incorporação tecnológica no espaço urbano. As políticas neoliberais começaram a ser centrais na estruturação das cidades desde a reformulação econômica global na década de 1980, com a decadência do estado de bem-estar social keynesiano e a irrupção do modelo neoliberal liderado por Margaret Thatcher e Ronald Reagan e difundido globalmente.

Antes dessa reestruturação econômica, as cidades do Sul Global já haviam passado por processos de formação baseados em dominações coloniais e imperialistas que determinaram dinâmicas que podem ser observadas até os dias atuais. Durante o período colonial, diversas ferramentas, políticas, modelos, processos e sistemas regulatórios foram introduzidos nos planejamentos urbanos dos países periféricos em conformidade com os modelos e contextos vigentes das nações centrais,[247] seguindo objetivos políticos e ideológicos fundamentados em relações desiguais, dependentes e que intensificaram a exclusão social e a desigualdade socioeconômica nesses territórios.

A incorporação das dinâmicas dos países colonizadores nos países colonizados, muitas vezes com uso da violência, somada à apropriação dessas formas de dominação pelas elites nacionais, reforçou fenômenos de segregação socioespacial, gentrificação e exclusão, promovendo a concentração de renda e poder. Como desenvolvido por Quijano,[248] as reverberações desses processos não foram encerradas com a libertação das antigas colônias, manifestando-se até os dias atuais pela colonialidade do poder, que consiste na adoção da racionalidade eurocêntrica não apenas na Europa, mas em todos aqueles povos educados sob a lógica do eurocentrismo, resultando em uma subjugação e estratificação do pensamento, do conhecimento e da vida.[249]

Um exemplo da influência dos países centrais em relação aos países periféricos após o fim das colônias refere-se à adoção de políticas urbanas neoliberais a partir da década de 1980. Entre elas incluem-se: limitação à atividade do Estado, regulação não estatal, subcontratação de serviços, privatização, gestão voltada à quantificação do desempenho, estímulo ao empreendedorismo e ao individualismo, policiamento e vigilância, controle de circulação e

---

[247] Watson, Vanessa. "Seeing from the South: Refocusing Urban Planning on the Globe's Central Urban Issues". *Urban Studies*, v. 46, n. 11, 2009. doi:10.1177/0042098009342598.

[248] Quijano, Aníbal. "Colonialidade do poder e classificação social". In: Santos, Boaventura de Sousa; Meneses, Maria Paula (Org.). *Epistemologias do Sul*. Coimbra: Edições Almedina, 2009.

[249] Para mais informações, ver capítulo de Sérgio Amadeu da Silveira neste volume.

austeridade fiscal.[250] Entre essas políticas, a austeridade destaca-se, pois ela justifica o desenvolvimento das demais, como subcontratar, privatizar, empreender ou quantificar o desempenho das cidades, segundo um argumento de que o Estado está falido e não tem condições de prover a infraestrutura urbana e os serviços públicos. Assim, dado o limite orçamentário, comprometido por dívidas públicas, seria imprescindível à manutenção das obrigações fiscais recorrer às companhias privadas, que, nessa lógica, disponibilizam serviços com mais qualidade e eficiência e menores custos.

Os processos mais recentes que moldam as cidades, como a incorporação das TICs, não podem ser analisados desconsiderando-se tais pressupostos históricos que influenciaram a constituição das cidades brasileiras até aqui. Tal perspectiva é relevante pois as soluções relacionadas às *smart cities* continuam a seguir essa lógica: as principais tecnologias são desenvolvidas no Norte Global e apenas trazidas ao Sul; as principais empresas que atuam na área de tecnologia têm suas sedes em países centrais e não respondem à estrutura jurídica brasileira; a proposta vigente de *smart city* nasceu no Norte Global e foi encorpada com base em questões urbanas desses países; a racionalidade por trás da difusão das *smart cities* surgiu no Norte Global. Esses fatores indicam que a adoção de tecnologias urbanas no Brasil mantém a ordem de dependência e sujeição do Sul, tal como apontado por Quijano.[251]

8.2. INCORPORAÇÃO TECNOLÓGICA NAS CIDADES

A incorporação das TICs nas cidades teve início com a adoção de câmeras de videomonitoramento. Já em 2008, Kanashiro[252]

---

[250] Watson. "Seeing from the South", *op. cit.*
[251] Quijano. "Colonialidade do poder e classificação social", *op. cit.*
[252] Kanashiro, Marta Mourão. "Surveillance Cameras in Brazil: Exclu-

demonstrou que o uso desse aparato de videovigilância em espaços públicos ampliava a gentrificação e a exclusão social, uma vez que o olhar constante das câmeras era direcionado às atividades que fugiam do padrão imposto, recaindo sobre as populações mais vulneráveis. Dessa forma, enquanto um grupo sentia-se mais protegido com a presença de câmeras e a proposta de revitalização dos espaços, outro, já marginalizado, via seu direito de acesso e permanência restrito e seu comportamento cerceado. De lá para cá, as tecnologias evoluíram significativamente, viabilizando recursos como escaneamento facial, integração com banco de dados, aprendizado de máquina para identificação automatizada de ações e comportamentos, entre outros. Tais recursos fazem com que as câmeras não sejam mais elementos isolados servindo ao monitoramento e à vigilância de um espaço determinado, mas que sejam conectadas em rede podendo fazer, e efetivamente fazendo, um controle dos fluxos de pessoas e ações que ocorrem no meio urbano.

Atualmente, uma característica determinante desses complexos de segurança refere-se à conexão de dispositivos à internet, conhecida como Internet das Coisas (IoT - *Internet of Things*), uma ampla rede tecnológica que aumenta o potencial de vigilância, controle e monitoramento. Com a IoT, essas tecnologias não se limitam a "ver/saber o que acontece", mas tem potencial para atuar como usuários, pois criam e direcionam as narrativas sobre a cidade em decorrência da produção de perfis construídos após o processamento dos dados, sendo dotadas de sensibilidade performativa,[253] ou seja, com potencial de co-

---

sion, Mobility Regulation, and the New Meanings of Security". *Surveillance and Inequality*, v. 5, n. 3, 2008. doi:10.24908/ss.v5i3.3424.

[253] Lemos, André; Bitencourt, Elias. "Sensibilidade performativa e comunicação das coisas". *MATRIZes*, v. 12, n. 3, p. 165-188, 2018.

letar, processar e distribuir dados na rede, incidindo sobre comportamentos, tendências e identidades e alterando a realidade concreta com base no que foi extraído inicialmente pelo sensor.

Os dados coletados são processados e analisados gerando relatórios que se propõem a traduzir em gráficos a própria vida citadina. E esse processo não se encerra por aí, pelo contrário. Como descrito por Ricaurte,[254] é justamente no passo seguinte de utilizar essas informações estrategicamente na gestão, pública ou privada, que se encontra o potencial de monetização dos dados e, consequentemente, da vida. A cidade, por ser o local no qual a vida urbana acontece, torna-se estratégica às empresas baseadas na monetização dos dados, pois apresenta elevado potencial de geração contínua de dados do coletivo, inclusive de pessoas não inseridas formalmente nas redes digitais. A proposta corporativa de *smart city*, portanto, não seria possível sem a dataficação,[255] que pressupõe a quantificação e o monitoramento contínuo da vida humana, visando transformar todas as ações, comportamentos e perfis em dados comercializáveis a partir da criação de sensores e algoritmos desenvolvidos especificamente para esse fim.

Como diferentes pesquisadores apontam, a dataficação da vida para capturar, analisar e monitorar o comportamento humano é difundida globalmente, impactando a privacidade e o anonimato dos indivíduos nos países do Sul e do Norte Global.[256] No entanto, essa mercantilização da vida, difundida glo-

---

[254] Ricaurte, Paola. "Data Epistemologies, The Coloniality of Power, and Resistance". *Television & New Media*, v. 20, n. 4, p. 350-365, 2019. doi:10.1177/1527476419831640.

[255] Van Dijck, Jose. Datafication, Dataism and Dataveillance: Big Data between Scientific Paradigm and Ideology. *Surveillance & Society*, v. 12, n. 2, p. 197-208, 2014.

[256] Ver COULDRY e MEIJAS (2020); Ricaurte. "Data Epistemologies,

balmente, deve ser entendida da mesma forma que o modo de produção capitalista ou mesmo o neoliberalismo: apesar de serem fenômenos globais, afetando diferentes sociedades, seu entendimento não pode ser universal, ou seja, sem considerar particularidades históricas, sociais, econômicas e políticas de cada região ou país.

Nesse contexto, insere-se uma das possíveis abordagens para a compreensão da datificação pressuposta no modelo vigente de *smart city*, a colonialidade do poder.[257] Essa ideia é absorvida e desenvolvida por Ricaurte,[258] que mostra que as expressões epistêmicas colonialistas e neocolonialistas se manifestam em relações internas, especialmente pela atuação governamental, mas também por tecnocratas e produtores de conhecimento, gerando efeitos nos corpos, territórios e populações marginalizadas. A autora pontua que a ordem social, política e econômica do colonialismo de dados emerge seguindo a matriz colonial e reforçando a lógica da colonialidade, uma vez que se baseia em um extrativismo digital que visa transformar a própria vida em um fluxo contínuo de dados, prática que amplia os riscos de marginalização e desigualdade, especialmente em países multiétnicos e colonializados.

Atualmente, as principais empresas envolvidas na difusão e significação da *smart city* e no desenvolvimento de tecnologias capazes de capturar a grande variedade de ações vivenciadas nas cidades são companhias localizadas nos países do Norte Global, como Google (Alphabet), Microsoft, IBM, Cisco e Siemens. Poucas companhias localizadas em países periféricos têm

---

The Coloniality of Power, and Resistance", *op. cit.*; ZUBOFF (2021).
[257] Quijano. "Colonialidade do poder e classificação social", *op. cit.*
[258] Ricaurte. "Data Epistemologies, The Coloniality of Power, and Resistance", *op. cit.*

atuação no setor, devido à falta de competitividade financeira e tecnológica frente a essas *big techs*. Dessa forma, a coleta de dados das cidades e dos cidadãos do Sul Global ocorre por meio de tecnologias desenvolvidas no Norte e esses dados são analisados, processados e armazenados fora da legislação nacional.

Um exemplo é o Plus Codes, baseado na tecnologia do Google Maps, da Alphabet. O serviço que codifica localizações a partir do georreferenciamento de imóveis, ruas, praças e locais diversos será executado no estado de São Paulo[259] a partir de uma parceria, sem licitação, com o governo estadual com o objetivo de mapear residências rurais e comunidades urbanas, como favelas, visando ter um código de endereçamento. Entre os aspectos críticos desse modelo, está a disponibilização de dados de populações vulneráveis para uma empresa estrangeira e, ainda mais, sem que tenha havido debate público em torno da questão. Um dos argumentos do governo estadual em favor da parceria é que ela não gerará custos aos cofres públicos, mas essa estratégia já é conhecida entre os especialistas, sendo a Google uma das únicas empresas que pode se dar ao luxo de não cobrar por um serviço recebendo em troca "apenas" os dados coletados. Os casos de estudos divulgados no site do Plus Codes,[260] não à toa, incluem Calcutá, na Índia, localidades na Somália e regiões rurais de Utah, nos Estados Unidos.

Apesar de ter sido descontinuado globalmente, outro exemplo da própria Google é o projeto Google Station, serviço que

---

[259] "Governo de SP e Google fazem parceria inédita para mapeamento rural". *Site Governo do Estado de São Paulo*, 11 dez. 2019. Disponível em https://www.saopaulo.sp.gov.br/sala-de-imprensa/release/governo-de-sp-e-google-fazem-parceria-inedita-para-mapeamento-rural/. Acesso em 28 fev. 2021.
[260] Plus Codes. Disponível em: https://maps.google.com/pluscodes/. Acesso em: 20 mar. 2021.

tinha como objetivo fornecer Wi-Fi grátis em locais públicos, como praças e estações de metrô. O projeto foi encerrado em 2020 com o argumento de que os baixos custos do 3G e 4G tornavam o serviço obsoleto, mas chegou a atender 10 milhões de usuários em 1.300 pontos de conexão em locais como Índia, Indonésia, Filipinas, México, Tailândia, Nigéria, Vietnã e Brasil.[261] A gratuidade do Google Station era compensada pela coleta de dados dos usuários.[262]

Uma questão central é que os serviços oferecidos pela Google não se apoiam apenas na coleta de dados com fins publicitários, mas especialmente para o desenvolvimento de tecnologias de inteligência artificial (IA), que precisam de enormes montantes de dados para desempenho satisfatório. As tecnologias resultantes do aprimoramento da IA por meio dos dados possivelmente serão oferecidas futuramente aos usuários ou ao poder público como aquelas que têm melhores condições de resolver as demandas urbanas, ampliando a dependência de longo prazo e estimulando ondas sucessivas de privatização.[263]

Esse cenário de táticas extrativistas e de mercantilização da vida é resultado de uma tácita convergência entre ideologia neoliberal e empresas de tecnologia. A contribuição neoliberal deve-se à constituição de um ideário de ineficiência do Estado, competição entre centros urbanos, quantificação de desempe-

---

[261] Szafran, Vinícius. "Google apresenta em São Paulo as funcionalidades do Google Station". *Olhar Digital*, 18 dez. 2019. Disponível em: https://olhardigital.com.br/2019/12/18/noticias/google-apresenta-em-sao-paulo-as-funcionalidades-do-google-station/. Acesso em: 23 mar. 2021.

[262] Para outros exemplos de diferenças entre incorporação tecnológica entre Sul e Norte Global, ver o Capítulo 3, autoria de Débora Franco Machado, nesta obra.

[263] Morozov; Bria. *A cidade inteligente, op. cit.*

nho da administração pública e austeridade fiscal. Somam-se a isso elementos mais sutis, mas cuidadosamente construídos no imaginário popular, como alimentar medos baseados na caracterização de inimigos internos e externos (tráfico de drogas, gangues, terroristas etc.) que devem ser identificados. Para isso, toda a sociedade precisa ser meticulosamente vigiada com ajuda dos "cidadãos de bem", que não têm o que esconder e, portanto, podem abrir sua privacidade para que as "ameaças ao sistema" sejam identificadas e controladas.[264]

O papel das empresas de tecnologia, muitas delas com interesses militares, é desenvolver as tecnologias para que tais sistemas de vigilância massiva sejam efetivamente possíveis e adentrar mercados com potencial de serem explorados, tanto economicamente como com extração de dados. Nesse sentido, o histórico das relações dos países centrais e periféricos é relevante, uma vez que há uma mentalidade vigente favorável à absorção acrítica de tecnologias de países da Europa e dos Estados Unidos, que são referências em civilidade e desenvolvimento para aqueles que ainda enxergam o mundo sob as lentes da colonialidade.

As relações entre Norte e Sul Global são profundamente desproporcionais. Como destacado por Graham,[265] as tecnologias de vigilância, monitoramento e controle usadas para militarização do meio urbano e controle dos corpos são fruto de esforços associados entre governos de países centrais e suas companhias nacionais, mas as "zonas de teste" se localizam nos países periféricos, com destaque às regiões submetidas a guerra

---

[264] Granham, Stephen. *Cidades sitiadas: o novo urbanismo militar*. 1. ed. Trad. Alyne Azuma. São Paulo: Boitempo, 2016.
[265] *Ibidem*.

e conflitos, bem como em nações econômica e politicamente submissas ao governo estadunidense.

Um exemplo é o Centro de Operações Rio (COR), implementado pela IBM no Rio de Janeiro como um projeto piloto de *smart city* baseado na dataficação, com coleta contínua de dados e monitoramento permanente centralizado em uma sala de operação para vigilância ininterrupta dos fluxos da cidade. As tecnologias adotadas não foram pensadas levando-se em conta as necessidades da cidade; apenas transferidas de uma corporação estadunidense para um território brasileiro. Também não houve discussão social sobre a adoção; apenas uma decisão impositiva do poder público. Como se vê, as tecnologias estrangeiras são, geralmente, adotadas de duas formas nos países periféricos: com anuência do poder público submisso ou por violência explícita; em ambos os cenários com forte alinhamento neoliberal e participação de companhias privadas.

8.3. O POSICIONAMENTO DO BRASIL NO CONTEXTO GLOBAL

O Brasil tem números crescentes de projetos, mas até o momento incipientes, de *smart city*, com foco especialmente em eventos, mobilidade, vigilância e digitalização de processos da administração pública. Nesse sentido, as cidades brasileiras ainda são retardatárias na incorporação de tecnologias no espaço urbano. De acordo com o relatório *Cities in Motion Index* 2020,[266] elaborado pela IESE Business School, que avaliou 174 cidades em 80 países, as cidades brasileiras presentes no *ranking* de *smart cities* são:

---

[266] Business School University of Navarra. *Índice IESE Cities in Motion*, 2020. Disponível em: https://media.iese.edu/research/pdfs/ST-0542.pdf. Acesso em: 15 fev. 2021. doi: https://dx.doi.org/10.15581/018.ST-542.

Rio de Janeiro (128ª), Brasília (130ª), São Paulo (132ª), Curitiba (140ª), Salvador (146ª) e Belo Horizonte (151ª).

A adesão fragmentada das cidades brasileiras às TICs urbanas motivou a criação de um documento nacional unificante: a Carta Brasileira para Cidades Inteligentes, publicada em 2020.[267] Trata-se de um documento conjunto entre Ministério do Desenvolvimento Regional, Ministério da Ciência, Tecnologia e Inovações, Ministério das Comunicações e a Deutsche Gesellschaft für Internationale Zusammenarbeit (GIZ) GmbH, a agência de cooperação da Alemanha. O ofício visa direcionar escolhas dos gestores no que se refere à adoção de tecnologias nas cidades. Uma das propostas presente no texto foi criar uma definição única e brasileira para *smart city* devido às divergências na literatura. O conceito resultante afirma:

Cidades inteligentes: são cidades comprometidas com o desenvolvimento urbano e a transformação digital sustentáveis, em seus aspectos econômico, ambiental e sociocultural, que atuam de forma planejada, inovadora, inclusiva e em rede, promovem o letramento digital, a governança e a gestão colaborativa e utilizam tecnologias para solucionar problemas concretos, criar oportunidades, oferecer serviços com eficiência, reduzir desigualdades, aumentar a resiliência e melhorar a qualidade de vida de todas as pessoas, garantindo o uso seguro e responsável de dados e das tecnologias da informação e comunicação.[268]

Apesar da preocupação em incluir diferentes elementos na conceituação de cidades inteligentes, o que é compreensível uma vez que o documento se propõe a nortear a agenda pública

---

[267] Brasil. Ministério do Desenvolvimento Regional. *Carta Brasileira para Cidades Inteligentes*. Brasília: MDR, 2020. Disponível em https://www.gov.br/mdr/pt-br/assuntos/desenvolvimento-regional/projeto-andus/carta_brasileira_cidades_inteligentes.pdf. Acesso em: 8 dez. 2020.
[268] *Ibidem*, p. 28-29.

de cidades tão diversas, verifica-se uma abrangência que pode ser lida ora como inclusiva, buscando valorizar elementos sociais e coletivos, ora como genérica, pois não os define. Um dos aspectos críticos, no entanto, é que essa definição não rompe com a visão mercadológica que já absorveu ideias para "humanizar a pauta da *smart city* corporativa",[269] principalmente com demandas ambientalistas e inclusivas.

Por outro lado, a Carta tem um conteúdo progressista, com referências recorrentes à superação das desigualdades, respeito à diversidade, inclusão digital, uso de softwares livres, participação comunitária na construção de soluções que considerem a diversidade territorial do país e argumentando em prol da privacidade e da proteção de dados. Esses atributos podem ser relacionados à extensa militância no Brasil associada à área de planejamento urbano que já alcançou conquistas significativas desde a redemocratização, em 1988. Não obstante, o texto recorrentemente aponta que tais objetivos devem ser alinhados à Estratégia Brasileira de Transformação Digital,[270] documento oficial do governo federal que, por sua vez, não destaca valores de incentivo à inovação nacional, ao desenvolvimento científico e tecnológico próprio, bem como não aponta os saberes comunitários e acadêmicos nacionais como forças ativas na modernização tecnológica do país.

Embora proponha uma construção coletiva de soluções considerando necessidades regionais, o documento apresenta um modelo de transformação digital para cidades com base

---

[269] Morozov; Bria. *A cidade inteligente, op. cit.*, p. 27.
[270] Brasil. Ministério da Ciência, Tecnologia e Inovações. *Estratégia Brasileira para a Transformação Digital*. Brasília: MCTI, 2018. Disponível em: https://www.gov.br/mcti/pt-br/centrais-de-conteudo/comunicados-mcti/estrategia-digital-brasileira/estrategiadigital.pdf. Acesso em: 3 set. 2020.

em coleta de dados por meio da internet das coisas. Ainda que aponte a necessidade de anonimização dos dados e segurança cibernética, incentiva a digitalização de processos da administração pública por meio da construção de bancos de dados robustos e centralizados para desburocratização, modernização e aumento da eficiência dos processos e serviços públicos. Tal perspectiva bebe, portanto, nos pressupostos da dataficação, com a transformação contínua da experiência humana em dados quantificáveis e comercializáveis. Como ressaltado por Ricaurte,[271] verifica-se uma busca pelo enquadramento em noções de eficiência e modernidade que acaba por reproduzir epistemologias dominantes. Além disso, os bancos de dados, especialmente integrados entre diferentes setores da administração pública, como destaca o documento, consistem em um risco à privacidade, pois ampliam indevidamente o poder de agentes públicos, que não deveriam ter acesso irrestrito e injustificado aos dados privados dos cidadãos.

Outro elemento crítico é a recomendação recorrente do uso de dados georreferenciados para otimizar a execução de serviços públicos. Já foi constatado que a localização é um dos dados mais sensíveis dos cidadãos, pois são necessários apenas quatro pontos para reidentificar um indivíduo.[272] Portanto, o pressuposto de que os dados georreferenciados contribuem para a eficiência dos serviços públicos não é um fato comprovado, ao mesmo tempo que compromete ainda mais a privacidade e o

---

[271] Ricaurte. "Data Epistemologies, The Coloniality of Power, and Resistance", *op. cit.*
[272] Montjoye, Yves-Alexandre; Hidalgo, César A.; Verleysen, Michel; Blondel, Vincent D. Unique in the Crowd: The Privacy Bounds of Human Mobility. *Scientific Reports*, v. 3, 25 mar. 2013. Disponível em: https://www.nature.com/articles/srep01376. Acesso em: 18 ago. 2019.

anonimato dos cidadãos, diante de processos mais intrusivos e permissivos nas diferentes práticas cotidianas.

O videomonitoramento, que é um dos aspectos mais críticos relacionados à incorporação tecnológica nas cidades brasileiras, é citado uma única vez na Carta. Afirma-se apenas a necessidade de anonimização dos dados extraídos em vídeo, o que pode ser visto como uma omissão sobre esse fenômeno, que não recebeu o destaque necessário, uma vez que compromete a construção coletiva e democrática de espaços e seus significados, bem como já está relacionado com processos de gentrificação e segregação espacial.

Por fim, destaco a parceria de cooperação bilateral entre Brasil e Alemanha para a criação da Carta. É relevante entender que houve uma influência direta no modelo, pois a Alemanha lançou sua própria *Smart City Charta* em 2017, sendo que os esforços brasileiros no mesmo sentido tiveram início logo em seguida. Nesse cenário, a Siemens Brasil foi uma das participantes na elaboração da Carta Brasileira para Cidades Inteligentes. A empresa alemã é uma das principais companhias no mundo a desenvolver soluções para *smart cities*, influenciando diretamente a consolidação do discurso de *smart city* baseada na dataficação e mercantilização da vida. Tal situação remete ao cenário descrito por Morozov e Bria,[273] que destacam que grandes companhias de países como Estados Unidos, China e Alemanha, por intermédio de líderes políticos, têm disputado mercados emergentes, como Brasil e Índia.

Portanto, apesar de a Carta Brasileira para Cidades Inteligentes considerar o uso democrático, inclusivo e sustentável das TICs, a proposta não descontrói os fatores mais críticos da proposta corporativa de *smart city*, que é a abordagem determi-

---

[273] Morozov; Bria. *A cidade inteligente, op. cit.*

nista e dataficada. No caso dos países do Sul Global, a dependência externa e a incorporação de tecnologias desenvolvidas genericamente para todos – e para ninguém –, que não consideram as especificidades culturais, territoriais, econômicas e sociais, são mais um elemento crítico, pois poderão agravar desigualdades e a exclusão social.

8.4. O FUTURO DAS CIDADES EM DISPUTA

A dependência e submissão às tecnologias e empresas externas, especialmente com a consolidação do mercado de dados, no qual as informações extraídas podem valer mais do que a tecnologia em si, promovem a manutenção de relações desiguais e a monetização da vida, recorrentemente transformada em dados. O mercado de dados já é uma realidade e as cidades constituem-se em um dos principais campos de batalha à transformação efetiva das relações sociais em relações mediadas por dados.[274] Esses territórios são palco da materialidade da vida cotidiana e a coleta de dados nesse ambiente é massiva, incluindo, até mesmo, aqueles que não estão formalmente conectados por meio de dispositivos pessoais, viabilizando a extração contínua de dados para a mercantilização da vida e o aprimoramento de tecnologias de empresas, como a inteligência artificial.

O Brasil, sem o desenvolvimento de tecnologias e políticas rígidas sobre a proteção dos dados e direito à privacidade dos cidadãos, insere-se nessa lógica global enquanto colônia de dados,[275] ficando suscetível aos interesses estrangeiros no país e

---

[274] Couldry, Nick; Mejias, Ulises. "Data Colonialism: Rethinking Big Data's Relation to the Contemporary Subject". *Television and New Media*, v. 20, n. 4, p. 336-349, 2 set. 2018.

[275] Silveira, Sergio Amadeu da. "Brasil, colônia digital". *A Terra é Redonda*, 25 jun. 2020. Disponível em: https://aterraeredonda.com.br/

ampliando sua dependência e submissão tecnológica e econômica às lógicas epistêmicas dominantes do Norte Global.

É significativo pensar que a cidade brasileira melhor posicionada no *ranking* de *smart cities* é justamente o Rio de Janeiro, cidade onde está localizado um projeto de vigilância e controle desenvolvido e operado pela IBM, empresa estrangeira que não está alinhada aos interesses relacionados à soberania nacional ou proteção de dados dos cidadãos brasileiros.

Para que a Carta Brasileira para Cidades Inteligentes seja efetiva contra processos em andamento de incorporação tecnológica nas cidades que tendem ao aprofundamento das desigualdades sociais e comprometimento da privacidade ela precisa considerar mais criticamente o cenário já posto, buscando romper com a concepção corporativa de smart city que se baseia no determinismo tecnológico, na dataficação e na mercantilização da vida.

Apesar de complexos e potencialmente prejudiciais às liberdades individuais, à privacidade e ao anonimato dos cidadãos brasileiros, esses processos baseados na incorporação tecnológica nas cidades a partir de ideais neoliberais, corporativos e datafiçados ainda são incipientes. Isso significa que existe potencial para frear o avanço dessas práticas, desde que haja uma efetiva pressão social, unindo movimentos sociais, acadêmicos e integrantes do setor público, no sentido de evitar a submissão do governo nacional, nos âmbitos federal, estaduais e municipais, às investidas estrangeiras para abertura de mercados às TICs urbanas, de forma que os ideais mais democráticos e inclusivos da Carta Brasileira para Cidades Inteligentes se sobreponham àqueles alinhados aos interesses corporativos e neoliberais.

---

brasil-colonia-digital/. Acesso em: 15 jan. 2021.

9. LOCAÇÃO DE ALGORITMOS DE INTELIGÊNCIA ARTIFICIAL DA MICROSOFT NO BRASIL: REFLEXÕES, DATAFICAÇÃO E COLONIALISMO

Victoria Ermantraut

Bacharela em Administração Pública com formação complementar em Relações Internacionais pela Fundação Getulio Vargas. Mestranda do Programa de Pós-graduação em Ciências Humanas e Sociais da Universidade Federal do ABC.

A Microsoft é uma das maiores corporações tecnológicas do mundo e, por isso, faz parte de um grupo de empresas chamado GAFAM (Google (Alphabet), Apple, Facebook, Amazon e Microsoft). Em fevereiro de 2021, alcançou o valor de mercado de 1,83 trilhões de dólares.[276] A empresa oferece diversos serviços de computação em nuvem acoplados à sua nuvem própria, o Microsoft Azure.[277] Dentre os serviços oferecidos, estão soluções de inteligência artificial que vão desde plataformas de aplicação intuitiva de técnicas de aprendizado de máquina até serviços prontos para usar que podem ser pagos proporcionalmente ao uso, apelidados aqui de algoritmos de aluguel. Entre

---

[276] Jasper, Jolly. Is Big Tech Now Just too Big to Stomach? *The Guardian*, Technology Sector, 6 fev. 2021. Disponível em: https://www.theguardian.com/business/2021/feb/06/is-big-tech-now-just-too-big-to-stomach. Acesso em: 21 fev. 2021.
[277] Mais informações podem ser encontradas em: https://azure.microsoft.com/pt-br/.

os serviços de aluguel, é possível encontrar diferentes algoritmos de inteligência cognitiva, que são o foco deste capítulo.

Os serviços cognitivos do Azure[278] permitem que se apliquem soluções de aprendizado de máquina sem que seja necessário desenvolver um algoritmo próprio de inteligência artificial. Os serviços são aplicados por meio de chamadas à API[279] e são divididos em quatro categorias: decisão, idioma, fala e visão. As categorias demonstram o objetivo pelo qual o algoritmo é usado. Na categoria de decisão, encontram-se os serviços de moderação de conteúdo, detecção de anomalias, personalização da experiência do usuário, entre outros. Já na categoria de idioma, encontram-se serviços como os de análise de texto e tradução. A terceira categoria, denominada fala, tem serviços como o de conversão de texto em fala (e vice-versa) ou de reconhecimento do locutor. A quarta e última categoria, a da visão, inclui serviços de detecção facial, pesquisa visual computacional, reconhecimento personalizado de imagens etc.

Ainda que não requeiram experiência prévia com aprendizado de máquina para implementá-los, os serviços cognitivos têm funções complexas e possibilitam a disseminação do uso de aprendizado de máquina em dispositivos e aplicações. A precificação do uso dos serviços é apresentada em uma tabela que mostra os parâmetros de cobrança e os valores, que variam de um serviço para o outro. A precificação do serviço de moderação de conteúdo, por exemplo, é feita com base no número de chamadas à API (ou transações). A categoria gratuita do ser-

---

[278] Disponível em: https://azure.microsoft.com/pt-br/services/cognitive-services/. Acesso em: 21 fev. 2021.
[279] Em português, *interface de programação de aplicativos*: conjunto de procedimentos para acesso a uma aplicação.

viço é limitada a 5.000 transações por mês e na categoria paga cobra-se um valor de acordo com o volume de transações.[280]

O uso dos serviços cognitivos é regido por um contrato de privacidade da Microsoft fundamentado no Regulamento Geral de Proteção de Dados (RGPD), a legislação de proteção de dados da União Europeia. A Microsoft assume o papel de processadora de dados, com exceção dos Serviços Cognitivos de Pesquisa Bing, em que assume o papel de controladora de dados independente. Nesse último caso, pode utilizar os dados para aprimorar os seus serviços, por exemplo, para treinar e aprimorar os algoritmos de aprendizado de máquina da pesquisa.[281]

Quando a Microsoft é processadora dos dados, o cliente tem o controle sobre o armazenamento e exclusão dos próprios dados. Pela RGPD, os processadores de dados devem processar os dados da maneira que os controladores orientarem.[282] O equivalente a esse papel na Lei Geral de Proteção de Dados,[283] promulgada em 2018 no Brasil, seria o operador, que trata os dados pessoais em nome do controlador, da maneira que este determinar. Não cabe aqui abordar as responsabilidades jurídicas assumidas pela Microsoft e pelo cliente sobre os dados usados pelos serviços cognitivos, mas é importante introduzir o tema, já que dados são recursos valiosos no século XXI.

---

[280] Disponível em: https://azure.microsoft.com/pt-br/pricing/details/cognitive-services/contentmoderator/. Acesso em: 20 fev. 2021.
[281] *Disponível em: https://azure.microsoft.com/pt-br/support/legal/cognitive-services-compliance-and-privacy/. Acesso em: 20 fev. 2021.*
[282] *Ibidem.*
[283] Brasil. Presidência da República. Lei nº 13.709, 14 de agosto de 2018. Dispõe sobre a proteção de dados pessoais e altera a Lei nº 12.965, de 23 de abril de 2014 (Marco Civil da Internet). Diário Oficial da União, Brasília, seção 1, ed. 157, 15 ago, 2018, p. 59.

Os algoritmos de aluguel trazem novas opções às empresas e organizações para adicionar serviços de inteligência artificial em seu modelo de negócio de modo simples e rápido. Grandes corporações tecnológicas estão investindo no oferecimento desse serviço, o que demonstra a relevância de refletir sobre sua incorporação no Brasil. Neste capítulo, realiza-se uma discussão sobre a locação de algoritmos da Microsoft no país, segundo conceitos como colonialismo de dados, modulação algorítmica e dataficação. Para isso, será feito um levantamento bibliográfico, uma discussão sobre os algoritmos de aluguel e comentários sobre a proposta da Estratégia Brasileira de Inteligência Artificial[284] e a contribuição da Microsoft[285] a ela.

9.1. COLONIALISMO DE DADOS, MODULAÇÃO ALGORÍTMICA E DATAFICAÇÃO

Nick Couldry e Ulíses A. Mejias[286] argumentam que as corporações tecnológicas fazem parte de uma ordem emergente denominada colonialismo de dados, em que a experiência humana é capturada por meio de infraestruturas de coleta e processamento de dados para obtenção de lucro. O colonialismo de da-

---

[284] MINISTÉRIO DA CIÊNCIA, TECNOLOGIA, INOVAÇÕES E COMUNICAÇÕES. (2020). Estratégia Brasileira de Inteligência Artificial. Governo Federal. Disponível em: http://participa.br/estrategia-brasileira-de-inteligencia-artificial/. Acesso em: 27 set. 2020.

[285] Microsoft. Contribuição: Microsoft [Internet], 2020. Contribuição à proposta de Estratégia Brasileira de Inteligência Artificial lançada pelo governo federal brasileiro. Disponível em: http://participa.br/estrategia-brasileira-de-inteligencia-artificial/blog/contribuicao-microsoft. Acesso em: 27 set. 2020.

[286] Couldry, Nick; Mejias, Ulises A. *The Costs of Connection: How Data is Colonizing Human Life and Appropriating it for Capitalism*. Stanford: Stanford University Press, 2019.

dos extrai recursos sociais ao transformar as relações humanas de maneira que possibilitem a captura de dados, enquanto se transmite uma crença que naturaliza esse processo de geração de dados. Novas formas sociais e de conhecimento são criadas com o objetivo de gerar lucro. Como essa atividade é principalmente realizada pelo setor privado, as corporações tecnológicas adquirem janelas privilegiadas para parte do mundo social.

A infraestrutura de coleta, processamento, armazenamento, análise e venda de dados é exercida, segundo os autores, pelo setor de quantificação social, composto por cinco segmentos-chave: hardware, software, plataforma, análise de dados e corretora de dados. Aqui acrescenta-se a esses segmentos o de armazenamento em nuvem. O setor de quantificação social emerge no Oeste (com predominância dos Estados Unidos) e na China. Assim, é importante analisar as implicações dessa emergência para países do Sul Global, com exceção da China.

Paola Ricaurte[287] afirma que existe uma epistemologia centrada em dados, partindo do pressuposto de que os dados refletem a realidade, são a forma de conhecimento mais valiosa e permitem tomar melhores decisões. Para a autora, essa epistemologia manifesta imposições de formas de existência humana e, assim, nega a existência de epistemologias alternativas. Além disso, afirma que países multiétnicos e com maiores desigualdades sociais têm maior propensão de marginalização por meio de epistemologias como a descrita pela autora. Os países fora do eixo ocidental são consumidores dos serviços tecnológicos do Ocidente e, portanto, tornam-se também provedores de dados. Assim, entende-se neste capítulo que o Brasil, como país

---

[287] Ricaurte, Paola. "Data Epistemologies, Coloniality of Power, and Resistance". *Television & New Media*, v. 0, n. 0, p. 1-16, 2019.

pertencente ao Sul Global, multiétnico e com altos níveis de desigualdade social, encontra-se no papel de colônia de dados.

Couldry e Mejias[288] identificam que a exploração no colonialismo de dados aprofunda as desigualdades entre metrópoles e colônias, como é possível ver pelo fluxo de dados entre o Norte e o Sul Global. A maior parte do fluxo de dados internacional passa pelos Estados Unidos e, portanto, o governo desse país pode tratar os dados da forma que julgar conveniente. Além disso, afirmam que as corporações agem como colonizadores ao monetizar relações sociais, enquanto os colonizados são direcionados a consumir os serviços digitais socialmente. Portanto, a expansão dessas atividades implica uma eliminação gradual de relações sociais que não sejam mediadas por dados.

Os autores afirmam que a expansão do colonialismo de dados é justificada por fenômenos como dataficação e dataísmo, apresentados por José van Dijck.[289] Enquanto a dataficação transmite com naturalidade o fato de que aspectos da experiência humana são transformados em formatos que geram dados, o dataísmo baseia-se na assertividade e eficácia da tradução da vida humana por meio de análises de dados capturados online.

Assim, estabelece-se uma ordem econômica assentada na transformação da vida humana em relações mediadas por dados que serão capturados, armazenados, processados, analisados e vendidos por corporações que se tornam cada vez mais importantes. Nesse contexto, encontra-se a ascensão de plataformas, que dependem da capacidade de predição do comportamento humano de seus algoritmos de inteligência artificial.[290] Quanto maior a

---

[288] Couldry; Mejias. *The Costs of Connection, op. cit.*

[289] Van Dijck, Jose. "Datafication, Dataism and Dataveillance: Big Data between Scientific Paradigm and Ideology". *Surveillance & Society*, v. 12, n. 2, p. 197-208, 2014.

[290] Sobre colonialismo de dados e inteligência artificial, ver Capítulo 6,

assertividade dos algoritmos de predição das redes sociais e mecanismos de busca, por exemplo, maior o número de produtos, serviços e ideias que serão anunciados nessas plataformas.

As plataformas incorporam a modulação em seu modelo de negócio. Segundo Gilles Deleuze,[291] a modulação é o principal mecanismo de poder das sociedades de controle. Ela atua por meio de tecnologias de ação a distância para capturar os cérebros e modular a mente. No livro *A sociedade de controle: manipulação e modulação das redes digitais*,[292] os autores mostram como as plataformas atuam por meio do controle do conteúdo visualizado pelo usuário para induzir pensamentos, desejos e opiniões. Esse processo é denominado modulação algorítmica e é um dos tipos de modulação existentes. A modulação algorítmica atua por meio do controle de conteúdo, ao prever os gostos dos indivíduos e criar opções de mundos personalizados para eles. O processo de modulação algorítmica tem quatro etapas principais: 1) identificação do indivíduo; 2) formação de um perfil; 3) construção de dispositivos e serviços de vigilância que gerem dados constantemente; 4) atuação sobre o indivíduo, por meio da modulação do seu comportamento.

O exercício de modulação algorítmica promovido por corporações tecnológicas já foi documentado. No mesmo livro, Sérgio Amadeu da Silveira[293] explica o processo de modulação

---

de autoria de Joyce Souza, nesta obra.
[291] Deleuze, Gilles. "Post-scriptum sobre las sociedades de control". *Polis* [En línea], v. 13, 2006. Disponível em: http://journals.openedition.org/polis/5509. Acesso em: 16 jun. 2019.
[292] Souza, Joyce; Avelino, Rodolfo; Silveira, Sérgio Amadeu da (Org.). *A sociedade de controle: manipulação e modulação nas redes digitais*. 1. ed. São Paulo: Hedra, 2018.
[293] Silveira, Sérgio Amadeu da. "A noção da modulação em sistemas algorítmicos". In: Souza; Avelino; Silveira (Org.). *A sociedade de controle, op. cit.*

algorítmica a partir de uma patente da Samsung que tem como objetivo definir o "estado mental do usuário".[294] O fundamento da patente é de que, levando em conta o conhecimento do estado emocional do usuário, é possível induzir seu comportamento. Assim, pode-se compreender que o colonialismo de dados é exercido em um sistema em que algoritmos de predição e sua capacidade de modulação algorítmica são fundamentais à extração de lucro de algumas das mais importantes corporações tecnológicas. Além disso, ao incentivar a produção de dados, baseada na dataficação, o colonialismo de dados age como um sistema favorável à ampliação do exercício da modulação algorítmica como mecanismo de poder.

9.2. LOCAÇÃO DE ALGORITMOS DA MICROSOFT NO BRASIL, COLÔNIA DE DADOS

Devido à facilidade de execução e complementariedade entre os serviços, os algoritmos de aluguel da Microsoft possibilitam a implementação e difusão de aplicações de inteligência artificial por organizações. É possível usar diversos serviços a fim de alcançar um objetivo.[295] Por exemplo, para análise de reclamações de clientes em formato de voz, pode-se usar o serviço de conversão de fala em texto e, depois, o de análise de texto, capaz de extrair frases-chave e classificar sentimentos em um texto.

Por meio de processamento de linguagem natural, o serviço de análise de texto,[296] além de atribuir sentimento positivo, ne-

---

[294] US9928462B2 – Apparatus and method for determining user's mental state.
[295] Disponível em: https://docs.microsoft.com/pt-br/azure/cognitive-services/text-analytics/. Acesso em: 19 fev. 2021.
[296] Disponível em: https://docs.microsoft.com/pt-br/azure/cognitive-services/text-analytics/. Acesso em: 19 fev. 2021.

gativo ou neutro a elementos textuais, tem a capacidade de minerar opiniões acerca de assuntos ou tópicos, recurso relevante em caso de monitoramento de redes sociais, por exemplo. O aprendizado de máquina é treinado em avaliações de produtos e serviços, por isso performa melhor nesse cenário. Além disso, o serviço consegue identificar e categorizar informações de textos não estruturados, desde locais e organizações a informações de dados pessoais, como nome e e-mail. A disponibilidade de funcionalidades e extensão de identificação de informações varia por idioma e nem todas estão disponíveis em português. A Microsoft afirma que os dados analisados do cliente não são usados como treinamento dos seus modelos de aprendizado de máquina.

Outro dos serviços cognitivos disponíveis, o Personalizador[297] tem como objetivo personalizar a experiência do usuário, selecionando um item de uma lista de conteúdos possíveis de serem mostrados. O algoritmo recebe como parâmetro uma lista de conteúdos e informações sobre os mesmos (formato, tema etc.), além de informações contextuais, e seleciona o melhor conteúdo para ser apresentado. O cliente que implementa o serviço pode enviar os parâmetros de contexto que julgar interessantes para o Personalizador analisar, como informações do usuário (informações demográficas, comportamentais) ou do ambiente (período do dia, localização do usuário, tipo de dispositivo utilizado).

O algoritmo de aprendizado por reforço aprende conforme as pontuações de recompensa, que podem ser personalizadas pelo cliente que usa o serviço, conforme o interesse, como cli-

---

[297] Disponível em: https://docs.microsoft.com/pt-br/azure/opbuildpdf/cognitiveservices/personalizer/toc.pdf?branch=live. Acesso em: 27 out. 2020.

ques sobre o conteúdo selecionado, tempo de consumo do conteúdo etc. A partir dessas pontuações, o modelo aprende sobre o comportamento coletivo dos usuários, e não sobre comportamentos individuais. O algoritmo não tem a capacidade de personalizar o conteúdo de acordo com informações individuais, como um CPF. Além disso, é recomendado utilizar o serviço a partir de listas de até cinquenta conteúdos diferentes. Em caso de aplicações que têm uma lista maior de conteúdos, o cliente pode usar um mecanismo de recomendação para filtrar itens antes de enviar ao Personalizador.

Os serviços cognitivos podem ser usados para finalidades diferentes, dependendo do objetivo do cliente da Microsoft. Portanto, não cabe aqui determinar implicações específicas do uso dos algoritmos, mas analisar possíveis implicações para o cenário teórico discutido neste capítulo. Os algoritmos de inteligência artificial são de fácil implementação e não necessitam de experiência com aprendizado de máquina. Eles têm funcionalidades que possibilitam a captura e análise de dados estruturados e desestruturados e a personalização de conteúdo segmentado por público. Assim, podem incentivar a aplicação tanto de processos orientados por dados quanto de digitalização das práticas corporativas, contribuindo para o processo de datificação. É relevante ressaltar que os processos de captura, análise de dados e segmentação de conteúdo são etapas do exercício de modulação algorítmica.

Ademais, pode ser mais vantajoso, em termos de custo-benefício, que organizações brasileiras adotem os algoritmos de aluguel em vez de desenvolver algoritmos internamente. Assim, é possível que a oferta de algoritmos prontos de inteligência artificial de empresas estrangeiras, como a Microsoft, desincentive o desenvolvimento dessa tecnologia nacionalmente, reforçando o colonialismo de dados e o papel do Brasil como consumidor de serviços tecnológicos estrangeiros.

Em uma pesquisa de 2020 sobre o impacto da inteligência artificial no empreendedorismo na América Latina,[298] a Endeavor e a Everis demonstram que 14% das empresas entrevistadas[299] adquirem produtos de inteligência artificial de terceiros e 86% constroem soluções próprias baseadas em produtos de terceiros. Esse último fato se torna interessante ao notar-se que grande parte dos produtos utilizados como base para desenvolvimento proprietário são projetos das empresas do grupo GAFAM. Entre estes, ressalta-se: Amazon Web Services (34%), Google Tensorflow (28%), Facebook Pytorch (10%), Microsoft Cognitive Toolkit (9%)[300] etc.

Os dados apontam para um predomínio das grandes corporações tecnológicas no mercado de inteligência artificial, seja com algoritmos comercializados seja *open source*. Além disso, ressalta-se o fato de que nenhuma das empresas mapeadas desenvolve algoritmos de inteligência artificial do zero. Como mencionado, esse predomínio é um ponto de partida para um ambiente de desincentivo ao desenvolvimento tecnológico nacional. Algoritmos de aluguel oriundos de empresas estrangeiras, dotados de capacidades de processamento cada vez mais complexas e aprimoradas, podem ser amplamente incorpora-

---

[298] Endeavor México. "O impacto da inteligência artificial no empreendedorismo". *Everis*, 2020. Disponível em: https://www.everisestudos.com.br/estudo-inteligencia-artificial. Acesso em: 01 abr. 2021.

[299] Amostra de 136 empresas provenientes de seis países da América Latina: Argentina (19), Brasil (22), Chile (17), Colômbia (11), México (42) e Peru (4).

[300] Destaca-se aqui que o Microsoft Cognitive Toolkit é um algoritmo open source da empresa, podendo ser gratuitamente usado pelos usuários. Mais informações podem ser encontradas em: https://docs.microsoft.com/en-us/cognitive-toolkit/.

dos por empresas brasileiras, principalmente em um ambiente econômico em que o desenvolvimento nacional não é considerado um fator relevante de avaliação de implementação de projetos tecnológicos.[301] A pesquisa também aponta para uma dependência tecnológica da América Latina em relação às corporações do Norte Global no que tange à inteligência artificial, pois tal cenário não se restringe ao Brasil.

A partir da ampliação do uso dos algoritmos de aluguel, pode-se entrar em um ciclo de dependência cada vez maior desses serviços, e as empresas nacionais podem ter de se adaptar às funcionalidades dos algoritmos prontos em vez de criarem soluções criativas próprias e que sigam caminhos alternativos pensados a partir da realidade do Sul Global. Como bem aponta Paola Ricaurte, a colonização de populações acontece também em nível sistêmico, "por meio da subordinação de governos e instituições aos serviços de corporações tecnológicas Ocidentais".[302] Além disso, a ampliação da atuação da Microsoft no Brasil e a dependência de seus produtos podem aumentar o poder de influência dessa corporação no processo de regulação de tecnologia pelo governo brasileiro, o que é observado a partir do exemplo investigado a seguir.

Proposta de Estratégia Brasileira de Inteligência Artificial

A fim de compreender melhor a situação brasileira frente à atuação da Microsoft e ao desenvolvimento nacional de inteligência artificial, apresentam-se aqui alguns pontos relevantes sobre dois documentos: a proposta brasileira de Estratégia Na-

---

[301] Sobre neoliberalismo e colonialismo de dados, ver capítulo 02, de autoria de Sérgio Amadeu da Silveira, nesta obra.
[302] Ricaurte. "Data Epistemologies, Coloniality of Power, and Resistance", *op. cit.*, p. 8, tradução minha.

cional de Inteligência Artificial e a contribuição da Microsoft à proposta. No fim de 2020, o governo federal lançou a proposta em formato aberto ao público,[303] que recebeu contribuições de organizações, instituições e indivíduos sobre seu conteúdo. O governo afirma que o propósito de lançar uma consulta pública, e não um documento finalizado, é levantar considerações para a formulação de uma Estratégia Nacional de Inteligência Artificial que fomente os benefícios e diminua os potenciais malefícios da inteligência artificial no Brasil.

Aqui, pretende-se fazer comentários à proposta de estratégia do governo brasileiro e à contribuição da Microsoft.[304] Para tanto, os textos foram analisados no sentido de discutir cinco assuntos relevantes: a) desenvolvimento tecnológico nacional, b) regulação e prestação de contas de sistemas de inteligência artificial, c) dataficação e modulação algorítmica, d) papel do governo brasileiro, e) afirmação do poder das corporações tecnológicas transnacionais.

A proposta brasileira coloca como um dos seus objetivos o desenvolvimento da inteligência artificial no Brasil, além de apresentar pontos de discussão sobre como incentivar esse processo. Porém, para um documento de consulta de estratégia nacional, é estranho o fato de que não se declara, de maneira ressaltada, uma intenção de tornar o Brasil um líder mundial em inteligência artificial. Além disso, por diversas vezes, o texto brasileiro menciona o incentivo ao "uso" da inteligência artificial, enquanto a contribuição da Microsoft usa o termo "adoção". Como visto,

---

[303] Brasil. *Estratégia Brasileira de Inteligência Artificial, op. cit.*
[304] Microsoft. Contribuição: Microsoft [Internet], 2020. Contribuição à proposta de Estratégia Brasileira de Inteligência Artificial lançada pelo governo federal brasileiro. Disponível em: http://participa.br/estrategia-brasileira-de-inteligencia-artificial/blog/contribuicao-microsoft. Acesso em: 27 set. 2020.

a possibilidade de alugar algoritmos faz com que não seja necessário um desenvolvimento interno. Portanto, incentivar o uso ou adoção de inteligência artificial no Brasil não necessariamente incentiva o desenvolvimento tecnológico nacional.

A Microsoft defende que a inteligência artificial deve apenas ser regulada em casos específicos para não travar o desenvolvimento tecnológico. Essa linha de defesa vai de acordo com o pensamento de que a regulação necessariamente restringe o desenvolvimento econômico, pautado na existência de um único caminho possível, que prioriza um rápido crescimento desconectado de formas de desenvolvimento social. Ainda, essa visão se sustenta nos valores neoliberais que pregam a desregulamentação estatal como forma de reduzir a participação e influência dos Estados nacionais, mesmo em processos com claras reverberações na esfera social.[305] A Microsoft, no entanto, posiciona-se a favor da regulação das aplicações de inteligência artificial para reconhecimento facial, posicionamento relevante uma vez que a empresa oferece um algoritmo de aluguel de detecção facial.

A proposta brasileira e a contribuição da Microsoft mostram preocupação em termos de transparência e prestação de contas. Porém, a Microsoft deixa claro que a transparência dos algoritmos não pode ultrapassar os segredos comerciais e de negócio, ou seja, não se refere a uma auditabilidade dos algoritmos. A empresa defende a proteção de dados, principalmente no âmbito dos dados pessoais, e a transparência, como uma forma de permitir que o usuário entenda e confie no algoritmo. Aqui, é necessário ressaltar que o consentimento não deve ser usado como parâmetro de aceitação de serviços tecnológicos, já que muitas vezes um serviço pode ser extremamente importante socialmente ou até no ambiente de trabalho. Além disso, o

---

[305] Ver Capítulo 8, de autoria de Iara Schiavi, nesta obra.

processo de modulação algorítmica ocorre de forma quase que invisível e não necessita de dados pessoais para gerar processos enviesados e discriminatórios.

Portanto, a preocupação delimitada à proteção de dados pessoais não é suficiente. Documentos de explicação sobre o funcionamento de sistemas algorítmicos nem sempre permitem que se identifiquem processos de modulação algorítmica embutidos neles. Assim, as medidas defendidas acima podem ampliar e manter ocultos os processos de modulação algorítmica, além de tornar mais difícil o controle social da atuação dos algoritmos de corporações estrangeiras no Brasil.

O processo de modulação algorítmica também pode ser incentivado pela expansão da datificação da experiência humana, que, por sua vez, amplifica e fortifica as estruturas de extração de lucro por meio do colonialismo de dados. Ambos os documentos trabalham o conceito de inteligência artificial como aprendizado de máquina, que é apenas um dos ramos da área. Assim, reforça-se o entendimento da inteligência artificial como uma técnica de análise de dados e atrela-se seu desenvolvimento à transformação da experiência humana em dados quantificáveis e à ampliação da modulação algorítmica como forma de extração de lucro.

Ademais, a Microsoft defende que sistemas de inteligência artificial podem tomar decisões mais justas que humanos, desde que o desenvolvimento seja feito de forma apropriada. Isso porque computadores seriam totalmente lógicos e, "em teoria, não estão sujeitos aos preconceitos, conscientes e inconscientes, que inevitavelmente influenciam a tomada de decisão humana".[306] O fato de computadores serem lógicos não significa que

---

[306] Microsoft. Contribuição: Microsoft [Internet]. 2020. Disponível em: http://participa.br/estrategia-brasileira-de-inteligencia-artificial/

tomarão decisões neutras. Segundo Van Dijck,[307] afirmações de neutralidade de algoritmos servem para justificar a ampliação da dataficação. Além disso, a concepção de que algoritmos podem tomar decisões mais justas que humanos pode ser contraposta com o fato de que algoritmos não compreendem o conceito de justiça.

No decorrer da contribuição, a Microsoft afirma que o governo deve construir uma base governamental de dados abertos que pode ser usada para treinar algoritmos de inteligência artificial, declaração que deve ser observada também como um interesse próprio da empresa nos dados, ainda que ela não afirme essa pretensão. Mesmo que se saiba a importância dos dados abertos e os dois documentos mencionem a relevância de bases de dados representativas[308] para evitar futuras discriminações algorítmicas, a liberação dos dados governamentais deve ser planejada de forma a preservar dados relevantes da população e do governo, além de ser interessante discutir se o acesso a esses dados deve ser global.

Ambos os documentos afirmam o papel do governo de possibilitador e incentivador do desenvolvimento e uso da inteligência artificial no país. Entende-se que o documento da Microsoft reforça o papel do governo como consumidor de inteligência artificial para aperfeiçoamento da administração pública. A empresa afirma que o governo deve promover um ambiente propício à adoção dos sistemas de inteligência artificial, iniciando com os próprios processos estatais.

Em ambos os documentos, a inteligência artificial é vista como essencial para aumentar a eficiência da administração

---

blog/contribuicao-microsoft. Acesso em: 27 set. 2020.
[307] Van Dijck. "Datafication, Dataism and Dataveillance", *op. cit.*
[308] Ver Capítulo 5, de autoria de Tarcízio Silva, nesta obra.

pública. O documento brasileiro mostra um esforço em discutir salvaguardas para a tomada de decisão de sistemas algorítmicos no poder público e mecanismos de monitoramento desses sistemas, mas a contribuição da Microsoft não fala nesse assunto. Paola Ricaurte[309] afirma que governos agem como força central do colonialismo de dados ao contratar serviços tecnológicos e usar sistemas de inteligência artificial.

Finalmente, é necessário pontuar que o documento da Microsoft afirma o poder das corporações tecnológicas transnacionais, ao 1) mencionar que tecnologias de inteligência artificial e armazenamento em nuvem provavelmente são melhor compreendidas por atores que as criam e 2) dizer que se o Brasil estiver alinhado às práticas globais pode se tornar uma autoridade global em inteligência artificial. As frases ainda reforçam a mensagem de que é necessário seguir o modelo de desenvolvimento dos países centrais do colonialismo de dados para se tornar líder no mercado tecnológico.

9.3. REFLEXÕES SOBRE ALGORITMOS DE ALUGUEL NO BRASIL

Neste capítulo, discutiram-se os serviços de locação de algoritmos da Microsoft no Brasil levando-se em consideração conceitos como colonialismo de dados, dataficação e modulação algorítmica. Os algoritmos de aluguel são fáceis de implementar, não necessitam de experiência em aprendizado de máquina, suas funcionalidades podem ser usadas para a construção de processos orientados por dados e existe um potencial para disseminação de seu uso. Compreende-se que a ampliação da

---

[309] Ricaurte. "Data Epistemologies, Coloniality of Power, and Resistance", *op. cit.*

aquisição de algoritmos de aluguel em organizações brasileiras pode desincentivar o desenvolvimento tecnológico nacional, tornar o Brasil cada vez mais dependente desse serviço tecnológico estrangeiro e ampliar o processo de dataficação. Como observado anteriormente, o processo de dataficação, por sua vez, pode ampliar o exercício da modulação e do colonialismo de dados.

Este texto teve a intenção de realizar uma discussão inicial sobre implicações de serviços tecnológicos estrangeiros e a atuação de corporações tecnológicas transnacionais no Brasil. Entende-se aqui que a atuação das corporações deve ser analisada sob a ótica do colonialismo de dados e pela compreensão de que essa colonização ocorre também como um modelo de subordinação do Sul Global. Além disso, defende-se que o exercício do colonialismo de dados e da modulação algorítmica deve ser visto como complementar e a partir de uma matriz de ampliação do fenômeno de dataficação. Finalmente, reforça-se o fato de que a atuação do governo brasileiro, como país que se encontra na condição de colônia de dados, é fundamental para incentivar ou resistir ao colonialismo de dados.

10. POSSIBILIDADES DE RESISTÊNCIA: O CASO DA MOEDA DIGITAL INDÍGENA OYXABATEN

Marcelo de Faria

Formado em Imagem e Som pela Universidade Federal de São Carlos (UFSCar) e mestrando do Programa de Pós-Graduação em Ciências Humanas e Sociais da Universidade Federal do ABC (PCHS-UFABC)

10.1. DATAFICAÇÃO E O COLONIALISMO DE DADOS

Os estudos sobre os processos de dataficação que sustentam o modelo econômico das corporações tecnológicas têm abordado as distinções do efeito desse sistema nas diferentes nações e como isso se traduz em relações coloniais de poder. Couldry e Mejias,[310] dois dos principais autores dedicados ao tema, argumentam que a infraestrutura de coleta massiva de dados através das plataformas digitais potencializou o caráter colonial do capitalismo, transformando a vida humana em uma instância de exploração colonial tal qual uma matéria-prima no período do colonialismo histórico. Eles denominam esse processo como "colonialismo de dados", enxergando no dado resultante das in-

---

[310] Couldry; Mejias. *The Costs of Connection: How Data Is Colonizing Human Life and Appropriating It for Capitalism.* California: Stanford University Press, 2019.

terações nas plataformas digitais a principal matéria do poder colonial no capitalismo permeado pelas tecnologias digitais.

Neste capítulo, proponho uma análise sobre a dimensão colonizadora do sistema de criação de dados das plataformas, buscando demonstrar como o traço colonial desse sistema existe para além dos processos de concentração da infraestrutura de coleta, emergindo, igualmente, a partir do condicionamento dos modos de vida associados a produção desses dados. Dessa forma, além de ampliar as possibilidades de análise colonial nos estudos sobre plataformas digitais, defendo que será possível traçar novos horizontes de resistência à condição tecnológica colonizada que o capitalismo neoliberal impõe aos países do Sul Global.

Para tanto, será realizado o estudo das possibilidades de aplicação e desenvolvimento de criptomoedas a partir da *blockchain*, uma tecnologia de registro e contabilização descentralizados de dados de transações digitais. Mais especificamente, será analisada sua utilização no funcionamento da *bitcoin*, a mais famosa e importante criptomoeda do mundo, assim como sua adoção no desenvolvimento da Oyxabaten, uma criptomoeda criada por membros de duas comunidades indígenas de Rondônia e Mato Grosso do Sul que tem como objetivo propiciar condições para a subsistência econômica dessas comunidades diante da realidade de abandono do poder público durante a pandemia de Covid-19.

A questão principal para as reflexões do texto é entender que os dados produzidos pelas tecnologias digitais não são representações diretas e substanciais da vida humana, mas sim criações resultantes de um esforço de adequação da realidade a um regime racionalizante; e que esse procedimento de adequação está atrelado à cooptação colonial dos modos de existência dissidentes dos modelos eurocêntricos de vida. Assim, pretendo demonstrar como a *blockchain*, quando aplicada a *bitcoin*, expressa as dinâmicas de poder racionalizante do paradigma econômico e político do neoliberalismo colonial e, ao contrário, de que modo ela pode ser encarada como uma tecnologia que subverte essa racionalidade por meio da Oyxabaten, ao ser apropriada por comunidades que visam objetivos específicos, com suas problemáticas políticas e manifestações culturais características.

Paola Ricaurte[311] entende que encarar os dados como instâncias privilegiadas de representação da vida humana e o meio mais adequado de produzir conhecimento universal sobre o modo de agir das pessoas é uma evolução complexa do paradigma pós-positivista da modernidade. Assim, a racionalidade orientada por dados é estruturada por regimes de produção de conhecimento que excluem formas de vida dissidentes do padrão oriundo do Norte Global, reproduzindo o que Quijano chamou de colonialidade do poder. Segundo Quijano,[312] a modernidade instituiu os modos de conhecimento e subjetividade europeus como os modelos ideais de organização social e existência humana, subjugando epistemologicamente e esteticamente os não europeus e naturalizando as formas de violência e acumulação econômica coloniais. Quijano chama essa forma de subjugação associada à colonialidade do poder de epistemicídio, conceito que Ricaurte utiliza para caracterizar a exclusão epistêmica incorporada à produção de dados nas plataformas digitais.

Seguindo os questionamentos de Ricaurte sobre a naturalização e substancialização da representação dos dados nas plataformas, defendo neste capítulo que os modos de exploração colonial são também reproduzidos no mercado de dados por

---

[311] Ricaurte. "Data Epistemologies, Coloniality of Power, and Resistance", *op. cit.*
[312] Quijano, A. "Colonialidade do poder e classificação social". In: Santos, Boaventura de Sousa; Meneses, Maria Paula (Org.). *Epistemologias do Sul*. Coimbra: Edições Almedina, 2009.

meio de uma cosmologia universalizante oriunda da formação histórica das nações do Norte Global, estabelecendo um fatalismo tecnicista que normatiza as relações de poder emergentes a partir dessa cosmologia. Dessa forma, a resistência a esse processo necessita de uma relação técnica que contraponha esse universalismo e fatalismo colonial.

Para entender as especificidades desse sistema de dominação, é necessário se debruçar sobre a função racionalizante da dataficação e a relatividade de seu impacto diante das redes sociotécnicas locais. Portanto, entender o dado como um enquadramento epistêmico da realidade que manifesta determinada visão de mundo e uma esfera de disputa política que se transforma ao ser incorporada a uma conjectura social. Assim, as formas de relações representadas pelos dados não serão encaradas como intrínsecas a eles, mas sim como o resultado de uma série de mediações sociais. Aqui, pretendo fazer uma descrição dessas mediações, indicando como se organizam os atores locais diante das especificidades técnicas da *blockchain*.

Embora a criação de uma criptomoeda e seu tratamento e uso de dados sejam bastante distintos do sistema de coleta das plataformas de redes sociais desenvolvidas pelos gigantes conglomerados tecnológicos, o que busco demonstrar é que um conceito universal e determinista dos dados ou da tecnologia serve a uma lógica colonial positivista do pensamento que se traduz na subalternação dos povos colonizados, uma vez que impede novas possibilidades de imaginação tecnológica que parta dos povos locais. A tecnologia *blockchain* é pertinente para o estudo neste caso pois, com base nela, é possível demonstrar como uma ferramenta de dataficação pode, dependendo da conjectura social e dos fundamentos ideológicos que a baseiam, expressar formas de poder colonial através de uma tecnicidade universalista ou expressar formas de resistência por meio de sua incorporação a uma visão local.

10.2. BITCOIN, NEOLIBERALISMO E A VISÃO COLONIAL DA TECNOLOGIA

A *bitcoin* é uma moeda digital para transações financeiras que permite o registro e acompanhamento descentralizado por todos os seus usuários em todo o mundo. Sua principal inovação técnica e base de todo o funcionamento é a *blockchain*. De forma simples e direta, a *blockchain* é uma tecnologia de registro digital que trabalha de forma distribuída e pública, mediante o encadeamento de blocos de registros criptografados. Os blocos são produzidos de forma cronológica e linear. Cada um deles possui um número limitado de transações junto a um *hash*, espécie de impressão digital em forma de função matemática que é resultado dos registros do bloco do qual o *hash* pertence e do *hash* do bloco anterior. Como o *hash* é ao mesmo tempo ligado ao bloco atual e a todos os anteriores (já que ele é composto em parte pelas informações do *hash* anterior, que também possui informações sobre o *hash* antes dele, e assim sucessivamente), é possível sinalizar e verificar em toda a cadeia de blocos algum tipo de alteração indevida e, dessa forma, invalidá-la. Essas informações do bloco são escritas no *ledger*, que é o livro-razão de acesso público. Depois de escritas, as informações no *ledger* não podem ser apagadas.

O trabalho de validação e processamento dos dados de transações registrados no *blockchain* acontece por meio de uma lógica gamificada de competição e recompensa na comunidade de usuários da ferramenta. Cada rede de *blockchain*, por meio de um sistema de conexão *peer-to-peer*,[313] possui *nós* que po-

---

[313] Arquitetura de redes de computadores em que cada um dos pontos

dem tanto escrever ou gerar blocos como verificar se o bloco escrito é válido. As pessoas da comunidade oferecem o poder de processamento de suas máquinas como um dos *nós* da rede para resolver cálculos matemáticos de enorme complexidade que asseguram que o *hash* criptográfico do bloco é válido. Em termos práticos, antes que algum valor seja transferido de um dispositivo para outro, usuários anônimos e não envolvidos na transação rastreiam e validam essa transferência por meio de uma sequência binária única e criptografada (o *hash* propriamente) antes que ela seja efetivada. Como recompensa, essas pessoas recebem um incentivo em *bitcoin*, processo conhecido na comunidade de usuários como "mineração".

A partir de um olhar inicial estritamente prático e superficial, a *bitcoin* realmente aparenta ser uma forma de praticar transações financeiras que subverte todas as estruturas institucionais hierarquizadas e centralizadoras da economia global, uma vez que permite uma dinâmica de controle e administração que abre mão de bancos ou governos para que funcione. No entanto, uma reflexão mais atenta sobre os vieses expressados no desenvolvimento e funcionamento da tecnologia demonstra que ela reflete outras formas de poder e dominação.

Edemilson Paraná[314] entende que uma das funcionalidades da *bitcoin* que mais demonstra as bases ideológicas que ela reproduz é o limite transcrito no código-base do software que impõe um número de 21 milhões de moedas que podem ser produzidas através da mineração. Essa limitação decorre da crença de que um limite prévio para a produção de moeda permitiria

---

ou nós da rede funciona tanto como cliente quanto como servidor, permitindo compartilhamentos de serviços e dados sem a necessidade de um servidor central.

[314] Paraná, E. *Bitcoin: a utopia tecnocrática do dinheiro apolítico*. São Paulo: Autonomia Literária, 2020.

uma estabilidade inflacionária que as políticas monetárias de governos de Estado, essas ligadas a elementos exteriores às leis de competição de mercado, não poderiam garantir. Portanto, há o objetivo implícito no código do software de despolitizar o dinheiro por meio de seu afastamento do mundo das disputas de poder da política institucional.

No entanto, a própria busca pela despolitização da moeda envolve a adoção de uma série de preceitos políticos. Como Paraná demonstra, o sistema monetário da *bitcoin* baseado em um limite prévio é uma adaptação direta da teoria monetária de Milton Friedman segundo a qual o valor do dinheiro depende apenas da quantidade total de moeda ofertada e das leis de demanda e oferta do mercado, sem sofrer influência de fatores como a concentração de renda ou a capacidade produtiva. Portanto, essa premissa transcrita no código está diretamente ligada ao desenvolvimento teórico e prático neoliberal e sua defesa da predominância das leis de mercado sobre os meios de controle institucionais. Além disso, o autor lembra que o fato de a verificação descentralizada da *blockchain* ser pautada em um sistema que coloca em competição os diferentes membros da comunidade de usuários através da capacidade de processamento e habilidade computacional fez com que, contraditoriamente, a própria horizontalidade e segurança do sistema fosse se tornando cada vez menos confiável, uma vez que tanto a produção de moedas ficou concentrada em um pequeno grupo de especialistas quanto o sistema ficou muito mais vulnerável a ataques *hackers*.

A questão mais importante sobre a *bitcoin* para o debate sobre as relações coloniais reproduzidas por essa técnica está no fato de que toda a lógica de descentralização em que ela se baseia tem como premissa o reconhecimento de que o universo das disputas políticas e dos controles institucionais são modelos nocivos de controle, enquanto a instrumentalização da competição de mercado nas relações sociais é uma forma de condicionar igualdade e liberdade nessas relações por meio de uma disputa consensual. É como se, ao retirar do papel de mediador as instituições governamentais, as pessoas pudessem estar em igualdade para serem inseridas em uma disputa com regras mutuamente consentidas por todos aqueles que se propõem a participar de um jogo. Esse esforço assume como premissa que o papel social de alguém se dá pela sua capacidade de concorrer diante das leis econômicas do mercado. A visão de humanidade que fundamenta as mecânicas sociais imbuídas no código do software entende que, desde que seja possível garantir as regras de disputa do mercado e que as pessoas possam disputá-lo por meio de sua livre escolha, estaria aí a igualdade necessária para a inserção social do indivíduo. É, portanto, por meio do que Foucault[315] chama de *homo oeconomicus* ou o indivíduo que é resultado da sociedade empresarial fundada a partir da lógica neoliberal da concorrência de mercado, que fundamentará o ser humano assumido pelas dinâmicas sociais resultantes do uso da *bitcoin*.

É justamente nessa premissa que reside uma dimensão importante do caráter colonial das tecnologias e dos dados. Mesmo que o processo de dataficação da *blockchain* aplicada na *bitcoin* não seja centralizador e acumulativo, os dados são tratados na ferramenta como representantes de um processo natural nas relações humanas. A técnica é vista segundo uma concepção determinista de desenvolvimento, em que a tecnologia que expressa os modos de vida neoliberais é como o resultado do avanço inerente das ferramentas e a forma universal da existência humana.

---

[315] Foucault, M. *Nascimento da biopolítica*. São Paulo: Martins Fontes, 2008.

Nego Bispo,[316] ao tratar sobre a universalização no processo colonial e suas consequências para as relações de poder da atualidade, entende que ela acontece principalmente através de uma cosmologia eurocristã monoteísta que reproduz um modelo centralizador, hierarquizado e patriarcalista de sociedade, posicionando o homem branco como o ser predeterminado a governá-la e expandi-la sobre aqueles que não lhe são semelhantes. Para Bispo, um dos elementos mais centrais desse sistema de dominação é a "desterritorialização" ou o processo de abstrair, por meio da universalização desterritorializada, a biointeração do humano com o mundo em que vive. Biointeração, para o autor, é a relação orgânica e energética com o ambiente, junto aos recursos naturais que ele oferece, fazendo emergir a coletividade e suas formas de relação características; portanto, a relação desses povos com sua própria cosmologia.

O filósofo da técnica Yuk Hui[317] aborda de forma semelhante a questão na tecnologia, através do que chama de cosmotécnica, a união da ordem moral e cósmica por meio da tecnicidade. Hui argumenta que a técnica não é uma força unificadora de desenvolvimento universal da humanidade e das leis que governam a natureza, mas sim um segmento da vida social que materializa as premissas historicamente situadas de origem do universo e de condição humana por meio de processos aplicados ao ambiente em que vive determinado grupo social. Nesse sentido, a universalização do processo técnico não é explicada pela força intrínseca a tecnológica ou a ciência, mas a visão cosmotécnica fundamentada no modelo de vida europeu que posiciona os valores e místicas surgidos com a história europeia

---

[316] Bispo, N. *Colonização, quilombos*: modos e significados. Brasília: INCT, 2015
[317] Hui, Y. *Tecnodiversidade*. São Paulo: Ubu, 2020.

como o centro de gravidade da sociabilidade humana. Dessa forma, faz-se emergir uma cultura escatológica que se traduz no senso ético de transformar toda a realidade social em uma cópia do modelo europeu e estadunidense de sociedade.

Segundo Hui, na contemporaneidade das tecnologias digitais, esse regime colonial da técnica acontece através da visão transhumanista e aceleracionista, que coloca as plataformas como possuidoras de uma força intrínseca que tende a se desenvolver de forma exponencial, potencializando a capacidade humana de se organizar socialmente e que, inevitavelmente, fará com que formas de organização humanas anteriores a essa tecnologia se tornem defasadas. No caso da *blockchain*, esse processo se dá no objetivo de substituir a administração governamental do dinheiro por um digitalismo monetário supostamente apolítico, mas que, como demonstrado, é resultado da base ideológica neoliberal que busca assumir como naturais e inerentes as regras de disputa de mercado. Há aí um processo claro de desterritorialização, como tratado por Bispo, pois as ditas leis de mercado do qual o sujeito neoliberal emerge não estão associadas às condições materiais localizadas, mas sim à força incorpórea do mercado que decai sobre todos da mesma forma, independentemente de sua conjuntura política e cultural.

Ao estabelecer essa cosmologia universalizante por meio da técnica, associando o projeto colonial à essência do próprio desenvolvimento técnico, estabelece-se como estratégia colonial o que Raphael do Santos Lapa[318] chama de fatalismo. Segundo Lapa, fatalismo é a condição subjetiva em que as relações de poder colonial são encaradas como uma "ordem absolutamente necessária, onde o espaço para contingência fica restrito a

---

[318] Lapa, R. S. "O fatalismo como estratégia colonial". *Epistemologias do Sul*, v. 2, n. 2, p. 144-161, 2018.

hipótese" e, dessa forma, "explicita-se o processo de inanimar determinado contexto. Naturalizá-lo. Retirar sua agência".[319] Portanto, um quadro imobilizador das agências dos povos colonizados que atrela inerentemente sua condição de explorado às suas perspectivas de existência. Para as técnicas de datificação das plataformas digitais, essa condição é expressada nas circunstâncias naturalizadas para que se diga que um dado representa necessariamente o modo de existência ideal de seus usuários. Dessa forma, qualquer outra forma de imaginação técnica e de relação do ser com a tecnicidade que escape a essa racionalização neoliberal é progressivamente minada, impondo-se por meio da normatização a condição tecnológica colonial da extração dos dados aos povos colonizados e a visão eurocêntrica do modo de vida ideal que esses dados representam.

Tendo essa dimensão colonial da tecnologia em mente, para ter no horizonte formas de resistência possíveis para os processos colonizadores da datificação, faz-se necessária a subversão desse fatalismo colonial e dessa desterritorialização, reposicionando a agência dos explorados mediante a rearticulação da relação entre os modos de vida dissidentes do modelo oriundo do Norte Global e a técnica, substituindo esse universalismo pela localidade como elemento central para refletir essas relações. Na próxima seção, mostro um exemplo de utilização do próprio *blockchain* para caracterizar essa possível subversão técnica da lógica fatalista do neoliberalismo a partir de sua incorporação a uma visão de mundo localizada, com seus objetivos específicos e com as articulações complexas dos atores de poder que compõem determinada conjuntura histórica. Trata-se da criação da criptomoeda indígena Oyxabaten.

---

[319] *Ibidem*, p. 145.

10.3. A OYXABATEN E AS POSSIBILIDADES DE RESISTÊNCIA POR MEIO DA TÉCNICA

A Oyxabaten, que também é chamada pela sigla OYX, foi lançada no dia 11 de novembro de 2020 no *Blockchain Connect*, evento brasileiro realizado de forma online sobre o uso e aplicação da tecnologia *blockchain* em projetos locais. Segundo descrição do site oficial,[320] a OYX é uma criptomoeda indígena transcultural que busca garantir renda mínima, segurança alimentar e integração das aldeias Suruí Paiter e Cinta Larga, localizadas nas regiões de Rondônia e Mato Grosso e que são compostas juntas por cerca de 4 mil pessoas. A principal figura por trás do projeto é a de Elias Oyxabaten Suruí, um dos integrantes da comunidade da aldeia de Suruí Paiter e ativista pelos direitos dos povos originários. Filho de pai suruí e mãe cinta-larga, Elias trabalha no Distrito Sanitário da Saúde Indígena ajudando jovens da região no desenvolvimento de projetos para a comunidade.

Em termos técnicos, o aspecto principal a se destacar sobre a OYX é que ela é um *token* utilitário, portanto, um ativo monetário com destino prévio, impossibilitado de ser usado para outro fim que não esse destino. As moedas digitais baseadas em *blockchain* podem ser usadas dessa forma justamente pela capacidade de rastreamento descentralizado e direto das transações que a tecnologia oferece para todos os envolvidos nas compras e pela possibilidade de bloqueio dessas transações caso o acordo prévio de uso não seja cumprido. Por ter um destino específico transcrito no código do desenvolvimento, ela não possui características especulativas. Portanto, não há mudança no valor da moeda conforme sua circulação e produção, já que ela está atrelada a um serviço, bem ou empresa especí-

---

[320] O site pode ser acessado pelo endereço: https://oyxabaten.com/.

fica. Foram criadas no total 100 milhões de moedas OYX para serem vendidas pelo valor de 10 reais cada uma.

Um *token* utilitário é normalmente usado como uma maneira de unir um método de financiamento coletivo e um meio de troca futura de produtos e serviços feitos pelo projeto fundado a partir desse financiamento. No caso da OYX, a criptomoeda servirá como uma forma de arrecadar doações para as aldeias, com uma garantia segura de que o valor será destinado à subsistência e ao aprimoramento do povo local, sem a necessidade de nenhuma mediação de órgãos do governo. E, no futuro, a moeda digital poderá ser utilizada para a compra direta com os povos Saruí e Cinta Larga de artesanatos e insumos oriundos de seu território. Além disso, o ativo será usado como uma moeda de troca entre as duas aldeias, que já foram historicamente rivais mas que, diante da situação de degradação social, selaram a paz entre si e têm trabalhado juntas para manter uma vida digna respeitando suas tradições e culturas. Como escrito no *whitepaper*[321] do projeto, a criptomoeda busca "assegurar autonomia para o povo suruí-cinta-larga sobre a administração de seus próprios recursos" tornando transparente as "transações envolvendo recursos dos territórios suruí-cinta-larga, eliminando assim a extração ilegal".[322] Portanto, a criptomoeda serviria como um selo de que um produto foi adquirido diretamente com os suruís e cintas-largas de forma legal, e não pela extração criminosa, sendo possível rastrear as condições e origem das transações desse material através da *blockchain*.

---

[321] Documento oficial publicado por uma organização que apresenta dados e um estudo sobre determinado tema, servindo como informe ou guia para o público em geral.
[322] OYX: A moeda mundial indígena transcultural, 2020, p. 57. Disponível em: https://oyxabaten.com/white-paper-oyxabaten.pdf. Acesso em: 29 jul. 2021.

Em termos mais gerais, é possível dizer que a OYX tem o mesmo objetivo da *bitcoin* de acabar com a mediação institucional e controle administrativo do governo sobre as transações. Ambas as moedas digitais incorporam o Estado como um agente opressor que impede que os integrantes da sociedade civil exerçam livremente seu direito de vida plena. No entanto, diferente da *bitcoin*, a OYX não entende essa relação de poder entre Estado e população por meio de um conceito universal e desterritorializado de vida que é subvertido por meio de uma abstração em forma de existência fundada nas dinâmicas da competição de mercado e suas leis. Ao desenvolver sua criptomoeda, os povos Suruí Paiter e Cinta Larga buscam, pelo contrário, resistir à destruição cultural e ao genocídio imposto aos modos de vida dissidentes a essa concepção de vida universal. Também não há um entendimento generalizado de Estado, mas sim uma condição historicamente situada de descaso e violência imposta pelo Estado brasileiro aos povos indígenas.

No *whitepaper*, os desenvolvedores da OYX enfatizam as práticas de violência contra as comunidades indígenas no país e o papel que o Estado brasileiro tem nesse processo ao afirmarem que "as comunidades indígenas têm sido massacradas sob os olhos de pseudo-entidades estatais protetoras, como a Funai, que malgrado a boa vontade de alguns de seus membros, é controlada pelo poder nem sempre honesto que emana dos governos brasileiros".[323] Fica claro durante toda a leitura do documento que o objetivo da Oyxabaten é propiciar a independência da comunidade de um governo que é encarado como um agente mais inclinado a garantir as condições de exploração e violência contra os povos indígenas do que os direitos desses povos às terras em que vivem. Os estudos sobre o monitoramento da

---

[323] OYX: A moeda mundial indígena transcultural, 2020, p. 56.

situação ambiental no país e o acompanhamento das condições de vida das comunidades indígenas no Brasil após a eleição de Jair Bolsonaro, em 2018, corroboram com tal afirmativa.

Desde sua eleição, Bolsonaro e sua equipe têm ativamente trabalhado para enfraquecer órgãos administrativos e as leis que garantem os direitos da população indígena. Em seus primeiros dias de governo, o presidente assinou uma medida provisória que delega a função de demarcação de terras indígenas e a prescrição de licenças ambientais para o Ministério da Agricultura, comandado por Teresa Cristina, anteriormente líder da bancada do agronegócio na Câmara dos Deputados. A decisão foi uma clara indicação do governo ao favorecimento da expansão do plantio monocultural do agronegócio em detrimento da preservação de áreas ambientais. Ricardo Salles, primeiro ministro do meio ambiente do governo Bolsonaro, tomou medidas de emparelhamento e esvaziamento dos órgãos de fiscalização de áreas de preservação ambiental, diminuindo consideravelmente a capacidade de combater o desmatamento ilegal e a invasão de terras indígenas por garimpeiros. Em uma de suas ações, Bolsonaro enviou para a Câmara dos Deputados 19 medidas legislativas prioritárias para o seu governo. Uma delas é o PL 191/2, que regulamenta a exploração de recursos minerais, hídricos e orgânicos em reservas ambientais.[324]

A posição do governo Bolsonaro diante do meio ambiente e dos povos originários se traduziu no aumento significativo do número de áreas queimadas nas florestas brasileiras e na invasão e crimes contra as populações indígenas do Brasil. O sistema de monitoramento por satélite da Amazônia Legal realizado pelo Instituto Nacional de Pesquisas Espaciais (INPE) indicou que,

---

[324] O texto da proposta legislativa está disponível em: https://www.camara.leg.br/propostas-legislativas/2236765. Acesso em: 29 jul. 2021.

entre o período de agosto de 2019 e julho de 2020, um total de 11.088 km² de área de floresta foi desmatada, o maior número anual desde 2008.[325] Também houve um aumento nos conflitos do campo, que resultaram na morte de indígenas. Segundo dados da Comissão Pastoral da Terra (CPT), o primeiro ano do governo Bolsonaro registrou um aumento de 23% no número de conflitos em relação ao ano anterior, maior taxa registrada nos últimos 10 anos. A pesquisa também indica que o número de lideranças indígenas assassinadas durante o governo é o maior dos últimos 11 anos, com 7 líderes indígenas assassinados.[326] A pandemia do coronavírus piorou ainda mais essa situação calamitosa. Segundo dados da Articulação dos Povos Indígenas do Brasil (APIB) de dezembro de 2020, houve um total de 41.250 indígenas contaminados pelo vírus, com 889 mortes confirmadas, número 16% maior proporcionalmente a população não indígena. (manter a nota de rodapé, após o ponto final). [327]

É, portanto, nesse contexto de violências e crimes institucionalizados pelo governo que os povos Saruí e Cinta Larga buscam uma maneira de retomar os recursos constantemen-

---

[325] INPE - Instituto Nacional de Pesquisas Espaciais. Nota técnica: estimativa do PRODES. Brasília: Ministério da Ciência, Tecnologia e Inovações, 2020. Disponível em: http://www.obt.inpe.br/OBT/noticias-obt-inpe/estimativa-de-desmatamento-por-corte-raso-na-amazonia-legal-para-2020-e-de-11-088-km2/NotaTecnica_Estimativa_PRODES_2020.pdf. Acesso em: 29 jul. 2021.

[326] CPT - Comissão Pastoral da Terra. Conflitos no campo Brasil 2019. 2019. Disponível em: https://www.cptnacional.org.br/component/jdownloads/?task=download.send&id=14195&catid=0&m=0&Itemid=0. Acesso em: 29 jul. 2021.

[327] Os números foram extraídos de uma plataforma desenvolvida pela APIB para acompanhamento em tempo real da situação da população de indígenas no Brasil diante da pandemia do coronavírus. Disponível em: https://covid19.socioambiental.org/. Acesso em: 29 jul. 2021.

te usurpados de suas terras pela invasão do garimpo ilegal e pela expansão agropecuária. A Oyxabaten, nesse sentido, é uma maneira de esses povos se organizarem para fazer valer, como escrito no *whitepaper* do projeto, o direito constitucional da população indígena de terem "poder sobre os seus recursos".[328] Diferente da *bitcoin*, que busca universalizar por meio da despolitização, atrelando as leis naturais do mercado às leis naturais do desenvolvimento técnico, essa criptomoeda, pelo contrário, busca politizar a técnica encarando o uso da *blockchain* como um espaço de disputa e resistência diante de uma realidade específica e conjectural de exploração histórica.

Assim, a OYX se manifesta como uma forma de resistência às condições colonizadoras da tecnologia, pois é resultado de um esforço imaginativo de ressignificar o papel técnico universalista atribuído a uma ferramenta, subvertendo o fatalismo que imobiliza as ações daqueles que são colonizados. A comunidade faz isso tendo como objetivo a defesa da terra em que vivem e dos recursos que ela oferece, entendendo que as condições de vida que o território proporciona estão diretamente atreladas ao modo de existência indígena. Como dito pelo ex-cacique e atual ancião da aldeia de Suruí Pater, Dikimatara Suruí, no vídeo de apresentação do projeto: "meus filhos, mesmo que estejam nessa cultura não indígena, eu não quero que eles deixem a verdadeira cultura deles de lado [...] que são a língua e as tradições Paiter. Por isso eu nunca deixei esse local, para não esquecer das minhas origens e passá-las para meus filhos".[329] É, portanto, a técnica se relacionando à vida humana de forma territorializada, tendo no

---

[328] OYX: A moeda mundial indígena transcultural, 2020, p. 57.
[329] A fala está inserida no vídeo de apresentação do projeto da Oyxabaten. Disponível em: https://youtu.be/ne6KNGlIBdU. Acesso em: 29 jul. 2021.

horizonte e como finalidade a defesa de um povo, sua cultura e seu modo de se relacionar com sua terra. É a defesa da biointeração do povo indígena com seu território por meio das novas possibilidades que a técnica estabelece.

Se, enquanto dimensão política e social, o desenvolvimento da *blockchain* está ligado a um esforço de reprimir o poder do Estado sobre as relações humanas, não se pode encarar que essas relações sejam homogêneas e universais. Para além das diferenças técnicas do uso entre a *bitcoin* e a Oyxabaten, a distinção mais importante entre as duas criptomoedas é que o sujeito neoliberal assumido pela *bitcoin* e o sujeito indígena assumido pela Oyxabaten jamais poderiam se relacionar da mesma forma com o Estado e seus processos de controle. O histórico de violência e resistência que caracteriza as relações entre governo e a comunidade indígena transforma significativamente as possibilidades de relação entre a comunidade indígena com uma técnica que busca deslocar o Estado como mediador dos processos sociais. Como dito por Homi Bhabha, "a experiência afetiva da marginalidade social – que emerge de formas culturais não-canônicas – transforma nossas estratégias críticas, forçamos a encarar o conceito de cultura exteriormente aos *objets d'art* ou para além da canonização da 'ideia' de estética".[330] As condições locais e históricas de existência são o que determina o que é a existência do humano e da técnica e suas relações.

10.4. UMA DEFESA DA TÉCNICA TERRITORIALIZADA

Em outra fala de Dikimatara Suruí no vídeo de apresentação do projeto da Oyxabaten, dessa vez tratando diretamente sobre

---

[330] Bhabha, H. K. *O local da cultura*. Trad. Myriam Ávila. Belo Horizonte: Editora UFMG, 2005. p. 240.

a criptomoeda, o ancião enfatiza: "[A Oyxabaten] vai ajudar a fortalecer nossa cultura, nos auxiliando a repassar os conhecimentos, bem como foi quando fizemos essa maloca aqui. Não deixando a gente esquecer realmente a nossa origem, para que as pessoas nos vejam e saibam quem somos". É significativo que Dikimatara compare a maloca, típica cabana comunitária utilizada por povos originários da região amazônica durante suas manifestações culturais, e a criptomoeda desenvolvida para arranjar meios de subsistência para a comunidade. Tanto a cabana quanto a criptomoeda são formas de resistência, sistemas que unem uma estrutura material específica que propicia as condições de relação entre o povo que ali vive, sua cultura e sua terra. No primeiro caso, estabelecendo uma partição específica dentro da comunidade que permite que as danças e músicas típicas possam ser expressadas pelos moradores em datas comemorativas. No caso da Oyxabaten, permitindo uma estrutura técnica informacional que possibilite que os moradores lidem com o roubo e o genocídio imposto por aqueles que vêm de fora e que insistem em tentar acabar com sua vivência e suas manifestações culturais, como as que acontecem na maloca.

Em termos mais gerais, o que busquei demonstrar aqui ao abordar a questão tecnológica pelas lentes do colonialismo, para além da concentração e extração de recursos ou da dependência material entre as diferentes nações, é que as relações de poder também devem ser analisadas como um sistema de classificação que posiciona os diferentes tipos de subjetividades e existências a partir da relação entre homem e tecnologia. Assim, através do fatalismo e da desterritorialização, o que se entende por desenvolvimento tecnológico segundo a cosmotécnica fundada a partir da modernidade europeia se torna uma estratégia de incorporação das vidas diversas ao modelo hegemônico de pensamento europeu e estadunidense, naturalizando as relações de violência entre colonizadores e colonizados. Uma vez que se entende que o universalismo da tecnologia é uma construção moderna que reproduz relações de poder colonial, novas possibilidades de experiências tecnológicas emergem a partir da produção, em contrapartida, de relações entre homem e tecnologia que tenham a territorialidade como aspecto central. Não é uma tentativa de fazer prevalecer os elementos discursivos e ideológicos do colonialismo em detrimento das estruturas materiais de exploração, mas sim de encarar esses dois modos de dominação como intrínsecos um em relação ao outro. Entender as relações coloniais dessa forma é seguir a trilha de diversos autores que buscaram desenvolver uma tradição de pensamento que coloque as condições materiais, psicológicas e culturais de existência dos povos do Sul Global como noções igualmente essenciais para pensar as estruturas de poder, tal qual expressado por Quijano, Wallerstein, Mignolo, entre outros.

Os dados, portanto, para além dos fluxos de concentração e infraestruturas de coleta, devem ser encarados como um modo de condicionar a existência e adequá-la à realidade de determinada forma de pensamento. Para tanto, é essencial compreender que esse processo de condicionamento de vida está atrelado a uma existência já materializada pelas relações locais do humano com seu ambiente. Dessa forma, por meio das relações técnicas, essa existência local acaba ou por ser suprimida pelo universalismo tecnológico colonial ou por ser potencializada pelo uso territorializado da técnica.

Fundação Perseu Abramo
Instituída pelo Diretório Nacional do Partido dos Trabalhadores em maio de 1996.

Diretoria
Presidente: Aloizio Mercadante
Vice-presidenta: Vívian Farias
Elen Coutinho
Jéssica Italoema
Alberto Cantalice
Artur Henrique
Carlos Henrique Árabe
Geraldo Magela
Jorge Bittar
Valter Pomar

Conselho editorial:
Albino Rubim, Alice Ruiz, André Singer, Clarisse Paradis, Conceição Evaristo, Dainis Karepovs, Emir Sader, Hamilton Pereira, Laís Abramo, Luiz Dulci, Macaé Evaristo, Marcio Meira, Maria Rita Kehl, Marisa Midori, Rita Sipahi, Silvio Almeida, Tassia Rabelo, Valter Silvério

Coordenador editorial:
Rogério Chaves

Assistente editorial:
Raquel Costa

fpabramo.org.br

Este livro foi composto pelas fontes
Paralucent Stencil Medium e Minion Pro.